JN093094

いつか起業する君に
伝えたい大切な話。

成功マインド

竹之内教博
ビジネスメンター／りらくる創業者

扶桑社

いつか起業する君へ

～プロローグに代えて～

今、この本を手に取っているあなたは、起業やビジネスでの成功に興味があり、この本から何かを「学ぼう」と思っている方だと思います。

この時点で、あなたは成功への道の第一歩を踏み出していると言っていいでしょう。それは「私の本」を手にしているから、という意味ではありません。

多くの起業家やビジネスマンを見てきた私の経験上、何かから学ぼう、何かを勉強しようという意識を持ち続けている人は、その多くが実際にうまくいっているからです。

「勉強をすればうまくいく？　そんな簡単なはずないじゃないか！」

そう思った人もいるかもしれません。

しかし私は、起業やビジネスにおいては考え方（マインド）さえ間違わなければ、ほとんど全員が成功を収めることが出来ると信じています。

この本では、そんな間違えのない考え方、他の本には書かれていない「成功のコツ」を伝えていきたいと思います。

昨日の自分より今日の自分の方が少しでも成長している。そんなことに喜びを感じられる小さな向上心を持ち続けられる人にこそ、私はこの本を届けたいと思っています。


私はいつの日か経営者になろうと、まずは美容師として働きはじめました。やがて店舗の経営を任されるようになり、次に複数店舗の統括を任されるようになりました。その後、美容室のコンサルタントとして多くの美容室に経営のアドバイスをしました。


その頃です。成功するビジネスモデルとしてリラクゼーション店舗の経営に目をつけた私は、少ない資金で開業し、七年間で直営店を六〇〇店舗にまで拡大。そして、その経営権を外資系ファンドに約二七〇億円で譲渡したのです。

その後はビジネスプロデューサーとして、いくつもの事業を立ち上げ、優良な企業に投資をし、多くの経営者の相談にも乗ってきました。

その時の体験やそこから学べることは、三年前に上梓した初めての拙書『無名の男がたった7年で270億円手に入れた物語』に詳しく書かせていただきました。

この本を出版した後にも、私が手掛ける事業は二〇を超え、コンサルティングをした会社も八〇社以上になりました。業種も実に様々で、飲食店や学習塾、不動産会社から葬儀屋、占い師、ミュージカル制作会社などです。

いくつもの事業を実際に展開し、様々な経営者の相談に乗る中で、私にも多くの学びがありました。その中には以前の自分では思いも寄らなかった考え方もあります。

三年前と比べ、今の方が起業家や相談者一人一人としっかりと向き合うことができ、より深いアドバイスが出来るようになっていると思います。

世の中にはたくさんの起業本が出ています。この本を手に取ってくださった方なら、他の本も読まれて多くの学びを得ていると思います。この本とそれらの他の本と違いがあるとしたら、著者の私が現役経営者として、日々現場で実業に関わり、そこで吸収した知識をお伝えしている点です。

ビジネスは猛スピードで変化し続ける世界です。昨日までの当たり前が明日には時代遅れになるのです。その中から、起業を目指す方にとって有益な情報を切り取りお伝えするように努めました。

人生に無駄なことはありません。

私はこの三年間の経験で、前よりも多くのビジネススキルと知識を身につけました。その知識をこの本にも活かし、起業やビジネスでの成功を目指す、向上心のある人たちの一助となろうと考えています。

そんな私が伝えたい成功の考え方（マインド）を8日間で学べるように書いたのが本書です。

この本で、より多くの人を成功に導いていければと思っています。

２０２４年5月

ビジネスメンター　竹之内教博

いつか起業する君に伝えたい大切な話。成功マインド　目次

8日目　フランチャイズについて考えてみよう　169

1日目

成功と幸福は別のもの

概要

1日目は、仕事や起業に対してどのようなメンタルで向き合うことが幸せなのか？　よくない、不幸な考え方とはどのようなものかをご紹介します。

小さな幸せや前向きな考え方がビジネスを成功させるうえでどれほど大切なことなのか。まさに「成功マインド」の種ともいえる考え方がわかると思います。

幸せとは何か？

——皆さんにとって「幸せ」とは、なんでしょう？
——皆さんはどんなことに幸せを感じますか？

このような質問をすると、漠然とした大きなものから、具体的な小さなものまで様々な答えが返ってきます。


「成功することができたら幸せ」

「お金持ちになれたら幸せ」

「結婚したら幸せ」

「おいしいものが食べられたら幸せ」

などなど……。


確かに、どれも幸せを感じることのできるものでしょう。ですが、ここに書いた答えのいずれも「～～ができたら」という〝条件付きの幸せ〟の表現になっています。

このような条件付きの幸せを追い求めると、その条件が達成できなければ「幸せではない」という考え方に陥ることになります。


「成功できなければ幸せではない」

「お金持ちになれなければ幸せではない」

「結婚できなければ幸せではない」

「おいしいものが食べられなければ幸せではない」


本当にそうでしょうか?

もちろん個人の考え方なので、「僕はそうなんです!」と言い切る人もいるでしょう。しかし、多くの人は、その条件を達成すること以外でも幸せを感じることはできるはずです。

本当は身近なものや、今すでに持っているもので十分幸せを感じることができるのに、多くの人が幸せに条件をつけて、それを手に入れることが幸せだと勘違いしているのです。

それでは、幸せを実感できる時間が少なくなってしまいます。

幸せは「自分で定義づけるもの」です。

実際には自分が健康でいられるだけで幸せかもしれないし、毎晩、暖かい布団で眠れることに至福の瞬間を感じるかもしれない。だとしたら、それが自分の幸せだと定義づければ良いのです。


「健康を維持できることが私の幸せ」

「毎晩、暖かい布団で眠ることが私の幸せ」

こんな風にです。


自分だけで手に入れられるような日常的な幸せを定義づけておけば、幸せを毎日のように感じることができるのです。

ちなみに、私が自分に定義づけている幸せは、

「昨日の自分より今日の自分が成長できていれば幸せ」

というものです。


自分の成長は自分で感じるものですから、自分が成長したと思えば、それでもう幸せなのです。ただ、それでは実際には成長していないのに幸せを感じてしまうかもし

れない。そうならないために、私は日々、自分の成長を感じられるように、自分に対して三つの使命を課しています。

一つ目は、教育で世界を変えること。世の中の子供たちが早い段階からビジネスに興味を持つことができるような教育を行うことで未来の成功者を増やしたいと思っています。

二つ目は、家族を世界一幸せにすること。

そして三つ目は、人との繋がりを大切にして最大のコミュニティを作るというものです。

毎日、この三つの使命のどれかが少しでも前進していれば、それが私にとっての成長です。そして、その成長は私に幸せを感じさせてくれるのです。

このような話をすると、「竹之内さんは、成功してお金もあるのだからとっくに幸せでしょう」と言われることがあります。

はっきりお答えします。そんなことはありません。

ビジネスが成功して大金を手に入れたとき、私は日々の目標を失って幸せを感じることができず、ついに鬱状態になりました。何をしても楽しくなく、気持ちの塞ぐ日々を過ごしていたのです。

私はその時に気が付きました。どれだけ成功してお金を持っていても、それだけで幸せになることはないということに。お金はたくさん持っていても安心ではありません。いくら持っていても減るかもしれない不安がありますし、誰かに騙されたり、盗られたりするという恐怖心もあります。そんな気持ちを抱える毎日は、決して幸せとは言えないでしょう。

大切なことなので繰り返し書いておきます。

「成功と幸福は別もの」なのです。

起業しなくても幸せになれる

何かひとつの出来事が起きたとき、その受け止め方は人それぞれです。

そんなとき、起きた出来事を自分の人生にプラスになることと捉えることができる人は「幸せマスター」と言えます。

例えば、「失業」について考えてみましょう。

失業した自分は不運な人間だ、世間から白い目で見られる、奥さんに叱られるなどとマイナスなことばかりを考える人もいれば、一方で、明日から休める、自分の好きなことが出来る、しかも国から失業手当が貰える、と前向きな捉え方をする人もいます。

起きた事象に意味をつけているのは実は自分自身なのです。であれば、プラスの意味をつけた方が、人は幸せになれるのではないでしょうか。

この本を読んでいる人の中には「起業をしなければ成功ではない。幸せになれない」と思っている人もいるかもしれません。

しかし、それは非常に危険な考え方です。

世の中には起業をしなくても成功している人も大勢いるし、成功しなくても幸せを感じることができる人も大勢います。それなのに、「起業だけが幸せ」などと考えて

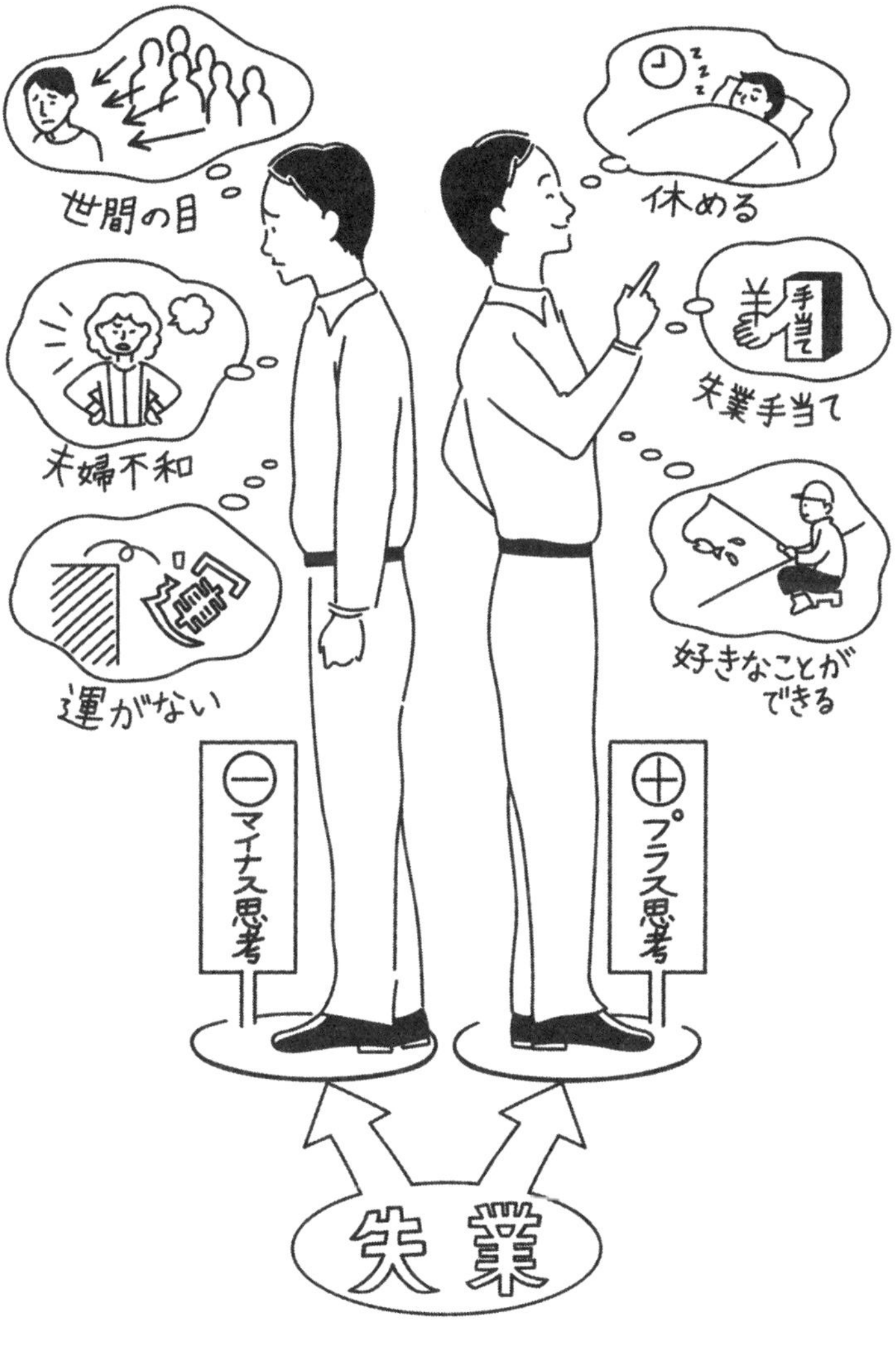
世間の目
夫婦不和
運がない
休める
手当て
失業手当て
好きなことができる
マイナス思考
プラス思考
失業

いたら、本当の幸せに気付くことができないし、小さな幸せの種を見落とすこともあるかもしれません。

起業をして成功したいと思っている人には向上心の強い人が多いことと思います。向上心の強い人には、私が前項で書いた「小さなことで幸せを感じることができる」ような定義づけには抵抗があるかもしれません。小さなことで幸せを感じていては大きな目標に向かってがむしゃらに突き進む意欲が失せてしまう。そんな不安があるのでしょう。

向上心が強い人ほど、大きな目標を立て、条件付きの幸せを追い求めてしまう癖があります。

向上心が強いのは素晴らしいことだと思います。向上心は向上心としてしっかり持っていていいでしょう。私もこの本は向上心のある人にこそ届けたいと思っています。しかし、改めて言いますが、向上心と幸福感はまったく別ものです。

幸せを感じるには、日々の暮らしや自分の現状に対する感謝の気持ちが必要です。

そういう気持ちを持っていると、自分が定義した幸せ以外でも、小さなことで幸せを感じることができるはずです。

スシローのカニ風サラダを食べているとき。
セブンイレブンのスムージーを飲みながら煙草を吸っているとき。
寝る前にシュークリームを食べる瞬間。
美味しい焼肉を食べているとき。
インスタライブでみんなに褒められたとき。

これらは定義づけた「昨日の自分より今日の自分が成長できていれば幸せ」というもの以外で、最近、私が幸せに感じたことです。こうして具体的に書き出してみると食に関することばかりで恥ずかしいのですが、どうでしょう？ ビジネスや起業には関係のないことばかりだと思いませんか？ 金持ちである必要もない幸せばかりです。それでもこんな小さなことが私を幸せにしてくれているのです。幸せを感じられない毎日より、小さなことでも幸せを感じられる毎日の方が人生を豊かにしてくれると思いませんか？　そしてその幸せが明日への活力となり、新たなアイデアの種となり、様々な気付きの糧《かて》となるのです。

「好きなことをビジネスにする」はリスクが大きい

起業を考えている人の中には、「自分が好きなこと」をビジネスにしようと考えている人もいるでしょう。好きなことを仕事にして、それで成功できれば、こんなに幸せなことはない。そう考えているのかもしれません。

それが店舗ビジネスであれば、一店舗は成功するかもしれません。何かを販売する企業であれば、自分の目の届く範囲での成功もあるでしょう。

しかし、それ以上に拡大させていくことは難しいと言わざるを得ません。

好きなことをビジネスにするのは、実は非常にリスクが大きいのです。

好きなことであれば、自ずとこだわりは強くなるでしょうし、必要以上に執着してしまうこともあるでしょう。その熱い想いを社員や従業員と共有することも難しいはずです。結果、常に自分が働いていなければならない。つまり自分自身が「雇われ職人」のような働き方になってしまうのです。

そうなってしまうと、その仕事をビジネスとして拡大させていくことは難しいでしょう。このように、好きなことをビジネスにするのはとても無理が生まれやすいのです。

その逆の成功事例として、近年の美容業界の動きがあります。チェーン展開をする美容室が増え、上場する企業まで現われました。自分の店舗を持ちたいという美容師と業務委託し、店舗の数を増やしているのです。

この動きの裏にあるのは、美容室の経営をしているのが美容師出身者ではないという事実です。美容師ではない人が経営しているため、個々の美容師が自分の店やスタッフに求めるような技術的なこだわりや執着が元々ないのです。技術的なことはわからないが、美容師として働ける人がいるのなら、店舗を任せてしまおうという考え方で店舗数を増やしているのです。

これらの経営者たちは美容師や美容室が好きで美容室を経営しているのではありま

せん。ビジネスとして拡大させることが出来ると考えて美容業界に進出してきているのです。

あえて「好きなことをビジネスにしない」ことで、成功を掴み取っていると言ってもいいでしょう。

学歴と起業の成功率は無関係

起業を考えている人やビジネスでの成功を目指している人の中には、「学歴コンプレックス」を持っている人が少なからずいます。

貴重な時間を使って勉強し、大学に入り直しでもしない限りは、変えようのないことなのに、「自分はいい大学を出ていないから」とか、「成功する人はやっぱりいい大学を出てるよな」とか、必要以上に学歴の話をして、自分を卑下《ひげ》したりするのです。

これは不幸な考え方です。

はっきり言います。こと起業に関しては、学歴なんてまったく必要ありません。独立した起業家で、学歴が大事だという人はまずいません。

よく考えてほしいのは、学歴が高い人たちが今、どんな仕事をしているかということです。

学歴が高い人は、上場企業などのいい会社に入ることができるでしょう。優秀な公務員になれるかもしれません。そこで安定した給与所得を得られます。医者や弁護士になる人もいるでしょう。

しかし、その人たちが得ているのが、労働所得であるということを忘れてはいけません。自分が働いていなければ、いつ収入が断たれるかわからないのです。

学歴は「サラリーマンになるために必要なもの」だと言い切ってもいいでしょう。誰かに雇われることが学歴の前提にはあるのです。

一方で独立・起業した起業家はある程度の地盤さえ整ってしまえば、自分に何かがあって働けなくなったとしても不労所得を得ることができます。

働かずにお金を貰うわけにはいかない。楽して稼いではダメだ。技術を磨いて、自分が汗水垂らして働かなくてはいけないんだ。そんな風に思った人は、学歴と同じように戦後の経済成長期に作られた国の考え方に毒されていると思った方がいいでしょう。

私の知り合いに兄弟姉妹で歌手をしている人がいます。

歌手になりたかったという親の想いを継いで、ほとんど学校にも行かずに歌の練習ばかりをして育ってきたのです。中には小学校すらほとんど行かなかったという子もいます。

それだけ徹底して歌の練習をしてきたおかげで、彼らは歌手になることができ、ヒット曲にも恵まれました。しかし、歌手で売れ続けていくのはとても難しいことです。

それに気付いた兄弟の一人が「このままではダメだ」と思い立ち、歌や音楽とはまったく関係のない事業を立ち上げたのです。そして彼は成功し、今では自分の立ち上げた事業をうまく回しています。

このことからも起業をしてビジネスを成功させることに学歴が必要ないことがわかるでしょう。

独立・起業をする上で、学歴が有利に働くとすれば、就職した有名企業が儲かるビジネスの情報が集まる企業だった場合です。ファンドや商社、人材の派遣や紹介をする企業などです。そこで得た儲かるビジネスの情報を元に独立・起業すれば成功を手にしやすいでしょう。

ただし、その企業で得た情報や経験を元に独立する場合は、起業したあとも会社員時代と同じ業務内容を続けることになります。そう考えれば、美容師や建築関係の人が独立するのと大きな差はありません。独立・起業するのに学歴は本当に関係ないのです。

私が思う学歴がある人とない人との差は、「深く考える癖」がついているかどうかです。

いい大学に行くために子供の頃からしっかりと勉強してきた人たちは、国語や数学などの学校の授業で考えることを繰り返してきたため、考える癖がついているのです。

この「考える癖」はビジネスをする上でも非常に大切なことなのです。

世の中の動きを常に「なぜ？」「なに？」という視点で見つめ、その答えを考えることが起業の勉強になるのです。

「ジブリの映画がヒットするのはなぜ？」
「Ｋ－ｐｏｐアイドルのなにが人々を惹きつけるの？」
「同じコンビニなのに客の入りに違いがあるのはなぜ？」

こういったことを深く考え、答えを探すうちに自分のビジネスに活かせるヒントを得ることができるのです。私は小学生の頃、発明王エジソンがなんにでも「なぜ？」という視点を持っていたということを本で読んで以来、それを真似するようになりました。おかげですっかり深く考えることが癖になりました。

もちろん、学歴がなくても深く考えることはできます。自分がしているアルバイトの接客について深く考えることができれば、機転の利いた接客をすることが出来るようになり、時給を上げることだってできるかもしれません。

今から学歴を手に入れることは難しいですが、深く考える癖をつけることは誰にでも今からでもできることです。

自分の学歴にコンプレックスを抱くより、深く考える癖をつけましょう。

この章のまとめ

○幸せは自分で定義するもの

毎日幸せを感じて、自分の成長の糧《かて》としよう。

○「好き」と「仕事」は別もの

「好きなことをビジネスにしない」ことで、成功を掴んでいる人が多いことを知ろう。

○起業に学歴なんて必要ない

必要なのは学歴ではなく「考える癖」。「考える癖」をつけてビジネスチャンスを掴もう。

2日目

経営とは「問題を解決」すること

概要

2日目は、商売や経営の本質に関する考え方をご紹介します。本質を理解することで、仕事をするうえでも、起業を考えるうえでも、どのような心構えで仕事へ向き合えばよいか理解できるようになるはずです。また、人がモノを買うマインドも理解できるので、ビジネスチャンスを広げる一助となるはずです。

経営を難しく考える必要はない

この本を読んでいる人の中には、いつまでも人の下で働いているのではなく、いつかは自分で商売を始めたり、起業したいと思いながらも、何を始めていいのかわからないという人もいるのではないでしょうか。

シンプルに考えると、商売や経営の本質は「問題解決」です。誰かが抱えている問題を解決してあげるから、対価としてお金をもらうことができるのです。

たとえば、空腹の人に料理を提供する。寒さに震えている人にセーターを作ってあげる。住む家を探している人の代わりにいい家を見つけてあげる。これらはすべて誰かが抱える問題を解決しているだけです。

つまり、多くの人がどのような問題を抱えているかがわかれば、それは商売になり、お金を生みだすことができるのです。

クレジットカードで有名なＶＩＳＡの創業者ディー・ホックは、お金がもらえる三つの原則を次のように語っています。

①　「相手が欲しい」と思うものを提供する
②　「相手ができない」ことを提供する
③　相手ができるけれど「やりたくない」ことを提供する

お金が動く時は必ずこの三つの原則のどれかが当てはまるのです。

お金がもらえる
3つの原則
①「相手が欲しい」と思うものを提供する
②「相手ができない」ことを提供する
③相手ができるけど
「やりたくないこと」を提供する
¥
¥
商売や経営の本質は「問題解決」

わかりやすく食事を例にしましょう。

夜ご飯を作るのに食材がないという人に米や肉を譲る代わりにお金をもらう。これは「相手が欲しい」ものを提供するということです。

夜ご飯に本格的なフレンチを食べたいけれど自分では作れないという人に、本格フレンチを作ってあげる代わりにお金をもらう。これは「相手ができない」ことを提供するということです。

そして、自分で肉じゃがは作れるけれど、今日は疲れているから作りたくないという人のためにお総菜の肉じゃがを提供してお金をもらう。これは、相手ができるけれど「やりたくない」ことを提供するということです。

これらのすべてが問題解決です。

私は、これまで商売でうまくいった人は、そのほとんどがお節介で出しゃばりの人だったのではないかと思っています。人の問題に入っていって、それを解決できるような人じゃないと商売を成功させるのは難しいと思っているからです。

アメリカでは、プロの経営者は「問題解決のプロ」として扱われています。なぜなら、プロの経営者は常に問題意識を持ち、その問題を解決することを考えているからです。

そのため、何か問題があったときにはプロの経営者の意見を聞くことも多々あります。

例えば、放置自転車の問題があったとします。アメリカではそれを解決するためにプロの経営者やその卵たちに解決方法を募って、いいアイデアがあったら報酬を渡すということをしています。

そのくらいアメリカでは「経営者＝問題解決のプロ」と認識されているのです。経営者になるならば、問題解決のプロになることを目指さなければいけません。

ディー・ホックはこんな言葉も残しています。

「お金を稼ぐことはいとも容易い。人間の問題に向き合うことが出来れば」

起業するために何をするか悩んでいる人は、難しく考えず、まずは自分の周囲の人がどんな問題を抱えているか観察することから始めてみてください。

会社で働きながらでも起業はトレーニングできる

将来、独立や起業を考えている人の中には、現在は会社に勤め、サラリーマンとして働いている人が大勢いると思います。配属されている部署によっては、「こんな部署にいては何も学べない」「得るものがない」「起業が遠退く」などと嘆いている人がいるかもしれません。中には「起業に役立つ部署に異動したい」と異動願いを出そうか考えている人もいるかもしれません。

実は「起業の勉強にならない部署」などないのです。

会社に所属しながらビジネスに携わっていて学ぶことや得るものがないなんてことはありえません。大事なことなので繰り返します。起業に役立たない部署などありません。

どんな部署にいても、仕事として他の部署から何かを依頼されることは必ずあるでしょう。その依頼は「相手にとって解決しなければならない問題」なのです。経営者になることを目指しているのなら、その問題を相手の期待以上の成果・結果で解決しましょう。

依頼者に対して、相手の期待以上の成果を出す。これをできる人が起業で成功する人です。

問題解決に対して、相手の期待以上の成果・結果を出せるようになれば、どんな商売、ビジネスを始めてもうまくいくでしょう。

何かを提出しなければいけないとき、一週間後という期限を設けられたら、相手が期待している以上の早さ、ボリューム、質で提出するということを常に考え、実践すればよいのです。

どんな部署にいようが、上司が驚く結果を出すことが大事なのです。そう考えると、サプライズ好きというのも成功する人の特徴かもしれません。会社に属しているのであれば、次はどの上司をどんな仕事の成果で驚かせてやろうかと目論み、楽しみながら成果を出していくのもいいでしょう。

どこでどんな役割を与えられていたとしても、解決すべき課題は必ずあります。

それをしっかり解決できるようになると、上司から「こいつにはこんな課題を与えてみよう」「こいつに任せてみよう」と思ってもらえるようになるのです。

期待されていた以上の結果を出すことで、周りからの信用を得られるようになります。一つ一つの問題を解決し、信用を貯金していきましょう。その信用貯金は、あなたが独立・起業をするとき、必ず役に立ちます。

そもそもお金というのは、周りから信用されている人に集まるものです。

多くの信用貯金を貯めることができれば、自分に投資をしてくれるという投資家を見つけることだって難しいことではありません。

目的を明確にする

先の項で、起業の勉強にならない部署などない、会社に所属しながらビジネスに携わっていて学ぶことや得るものがないなんてことはありえない、と書きました。

しかし、それには前提条件があります。

この本を手に取ってくれているような人には当てはまらないかもしれませんが、念のため、お伝えしておきます。

それは、「目的を明確にする」ということです。

今ある仕事をどんなに懸命に取り組んでいたとしても、自分が将来何になりたいのか、目的を明確にしておかなければ、やっていること自体が実は無駄であるということが多くあるのです。目的を明確にしておかなければ、やっていることが有意義かどうかの判断すら出来ないのです。

例えば、美容師をしていて、美容のカットの練習やカラーの練習をたくさんしている人がいたとします。

この人が将来も自分で店に立ち、プレイヤーとしてお客様の相手をし続けて、ずっと稼いでいこうと思っているのであれば、その練習には意味があり、有意義なものと言えるでしょう。

しかし、この人がもし経営者を目指しているのであれば、ヘアスタイルの技術を磨く時間を多く持つというのは間違った行為です。その時間を減らして、経営の勉強をする時間を増やすべきなのです。

それは、会社で働いていても同じことです。

目的意識を持たず、ただ漫然と働いていては、時間を無駄にしているのと同じことです。自分が目指すものはなんなのか、自分はどの方向に向かっているのか、その意識をしっかり持って、それに向けた時間の使い方を心がけましょう。

付加価値をつけて売る

ものを売るのであれ、サービスを売るのであれ、商売には付加価値をつけることが大事になります。商売がうまくいっている、儲かっている人や会社はこの付加価値をつけることを非常にうまくやっています。

これは商品開発でも、お客様との営業トークでも同じことです。

例えば、ペットボトルのお茶を売る。これまでの普通の緑茶をペットボトルに詰めて売っても、それなりには売れるかもしれません。しかし、完全な後追いになりますし、できればこれまでペットボトルのお茶を買わなかったような人にも買ってもらいたい。

そこで登場したのが、普通のペットボトルのお茶よりも濃いめに煎れた苦味の強い緑茶です。これまでのペットボトルのお茶に物足りなさを感じていた人や、ペットボトルのお茶を美味しいと思えず、飲んでいなかった人たちの新たな選択肢となり、ヒット商品となりました。

お茶を濃くしたことで、これまでよりも味の濃い食事との相性も良くなり、これまでのお茶よりもカテキンが多く含まれるため、体脂肪を減少させる効果があることもわかりました。これらはすべて営業トークとしてお客様に伝えることのできる付加価値です。

飲食店で他の店よりも美味しい料理を提供することも付加価値ですし、お洒落な内装で落ち着いた雰囲気を味わうことができるというのも付加価値です。

では、自分たちの商売にどのような付加価値をつければいいのか?

実はこれもすべて、問題解決なのです。

ペットボトルのお茶に物足りなさを感じていた。体脂肪を減らしたい。もっと美味しい料理を食べたいと思っていた。落ち着いて寛げる飲食店がほしかった。

お客様が抱いていたこれらの問題を解決するもの、サービスが付加価値なのです。

営業でものやサービスを売るには、お客様が今、何を不満に思っているのか、どんな問題を抱えているのかを聞き出し、「これを使えばその問題は解決できますよ」と、その商売の付加価値を提案できる流れに持っていくのです。

お客様が抱える問題を解決できる付加価値をつける。これが売れる商品、サービスを生み出すための基本的な考え方です。

多くの経営者がしている「いい接客」という誤解

多くの経営者が「サービスの質を追求さえすればお客様は増える」「お客様へのホスピタリティを高めることが集客に繋がる」と思っています。

しかし、これはほとんどの場合、間違いなのです。

自分の店が超高級店だったり、自分の会社で扱っている商品が超高額でない限り、接客なんて意識しすぎる必要はありません。

私が開業したリラクゼーションのお店「りらくる」はまったく逆の経営方針で、接客は一切していませんでしたが、多くのお客様に来ていただきました。「りらくる」では、フリーペーパーの広告チケットに「低料金を維持するために接客には力を入れておりません。失礼があるかもしれませんがご了承ください」と正直に書いていたくらいです。

リッツ・カールトンなどのラグジュアリーホテルがホスピタリティに力を入れられるのは、そのサービスやホスピタリティ自体がホテルにとっては商品であり、それにかかる費用もしっかりとお客様からいただく料金に乗せることができるからです。

自分の経営する会社や店舗が高級志向ではなく、ホスピタリティに対する対価をお客様からいただくつもりがないのなら、むしろサービスを売りにするのはやめた方がいいでしょう。

お客様に提供するホスピタリティに対する賃金を従業員に払うことができないわけですから、経営者も従業員も苦しめる結果になるに違いありません。

ただし、属人的に自分一人でビジネスをするのであれば、ホスピタリティを高めていってもいいでしょう。自分の労働の対価が妥当かどうかを決めるのはオーナーでもある自分なわけですから、やりたいようにやってみるのも一つの方法だと思います。

一点集中で売る

前の項で書いたことと同じように、多くの経営者が勘違いや思い込みをしていることに、提供する「サービスの数」があります。

お客様に選んでいただくメニューやサービスをとにかく多くしようとするのです。

残念ながらこれも間違いです。

とにかく一番力を入れたい商品やサービスに集中して売っていく方がいい結果が出ます。メニューが多ければ多いほど、用意をする手間はかかりますし、お客様を迷わせることにもなります。

また、多くのメニューやサービスを提供するということは、それだけ専門性が失われ、お店や会社の持つ特色が弱くなるということです。

多くの種類を売るパン屋が多いにもかかわらず、食パン専門店が人気になったり、牛丼屋で多少は牛丼以外のメニューがあるものの、結局一番売れているのが牛丼であるということがいい例です。

他にも、近年、話題になった韓流のスタイルを売りにした美容室の例もあります。

はじめはごく普通の美容室だったのですが、韓流のスタイルを注文されることが多くなってきて、次第にスタッフたちは様々な韓流のスタイルに仕上げることが得意になってきたのです。

そこで、その美容室では韓流のスタイルを店の売りとすることに決め、スタッフ全員がしっかりと練習をして韓流のスタイルに一点集中し、その技術を極めていったのです。

それによって、今では「韓流のヘアスタイルにするならこのお店」として知られるようになり、ニッチな客層を掴み大成功しているのです。

一点に集中するということには、リスクを回避できるという一面もあります。

ビジネスを始めるとき、経費が増えることや在庫を抱えることを考えずに、格好をつけたがる人がいます。最初から、品揃えの豊富さやサービスの種類の多さを見せたがるのです。

売れるかどうかはっきりしないものを何種類もの在庫を用意するなんて、リスクでしかありません。もし、その事業が失敗すれば、手を広げた分だけ、痛手も大きくなるのです。

そうならないためにも、力を注ぐべきものを見極め、一点集中で売っていくのです。

集客方法に奥の手はない

「一番効率のいい集客方法はなんですか?」

これは私がよく聞かれる質問です。

現在、集客のツールとして考えられるのは、SNS、Webマーケティング、リスティング広告、SEO、MEO、オウンドメディア、インフルエンサーマーケティング、DM、テレアポ、メルマガ、ビラ配り、ポスティング、タウン誌、ホットペッパー、無料セミナー、タクシー広告、テレビ広告などがあります。

ビジネスをする上で、集客は非常に大切です。そのため、最初の質問に対する私の答えは、

「全部やってみればいい」

です。

もちろん、全部やるのは大変だし、お金もかかるでしょう。しかし、自分のビジネスに本当に合う集客ツールを見つけるには、試してみるしかありません。それでも、一つの判断基準となるのは、競合がやっているか、やっていないかです。

自分のやっているビジネスの競合他社がやっているのなら、その業界ではある程度効果のある集客ツールで、やっていないなら、その業界には向かない集客ツールだということです。

恐らく、一つのビジネスである程度の効果が見込める集客ツールは三つか四つほどに絞られるでしょう。その中で一番効率の良い集客方法を聞く意味はありません、そこまで絞られたなら、全部やりましょう。

「面倒くさい」の解消がお金を生む

商売とは「問題解決」であると述べました。

その解決すべき問題の中には「面倒くさい」という問題が多く存在します。

この世の中は「面倒くさい」という心理に支配されていると言ってもよいでしょう。階段を上るのが面倒くさい。自分で料理を作るのが面倒くさい。洗濯をするのが面倒くさい。

これらの「面倒くさい」を解消するために様々な商品やサービスが生み出されてきたのです。


私がタルトのお店を始めたときの話です。

普通にタルトを売るだけでは、それほど売り上げを伸ばすこともできずに、そここそこのお店になってしまうであろうと考えた私は、スタッフたちと「タルトを使ってどんな面倒くささを解消できるか」を話し合いました。

最初のうち、スタッフたちは「タルトで面倒くささを解消?　意味がわからない」という顔をしていました。しかし、何度かの話し合いでこんな面白いアイデアが出てきました。

私たちが目をつけたのは「誕生日」でした。

ケーキと同じで、誕生日にタルトを買っていく人もいることから、「誕生日にタルトを」ということを前面に押し出したのです。

人間は誰かの誕生日に「何を準備しよう?」「何をしてあげよう?」と考えることさえも、実は面倒くさいのです。

そこに、たまたまタルトを買いに来た店で「誕生日にタルトを」という言葉を目にしたお客様は次の誰かの誕生日に色々と考えるのも面倒くさいので「タルトを贈るのもいいな」と思ってくれるのです。

誕生日を前面に押し出すわけですから、誕生日プレートなど、誕生日の演出ができるサービスもいくつか用意しました。誕生日に何も準備をしなくても、うちの店を利用してくれれば、こんな驚くような誕生日のお祝いができますよ、ということをアピールしていったのです。

これをチラシにして、店にくる人全員に配りました。誰にでも誕生日があり、その家族や友達にも誕生日が毎年やってきます。誕生日は年に一回以上のリピートを生むチャンスなのです。

この誕生日を前面に押し出したキャンペーンで、このタルト店がしっかり売上を伸ばせたのは言うまでもありません。

このように、自分の職種・業種で「誰かの面倒くさいを解決できることはないだろうか?」と常に考えるようにすることが、新たなお金を生むきっかけとなるのです。

どうしてこんな確実な集客方法をやらないの?

コロナ禍で、パーソナルトレーニングジムが乱立しました。

そのおかげで、私も多くのパーソナルトレーニングジムから相談を受けました。話を聞いてみると、どのジムも同様に「集客に困っている」と言うのです。

個人でやっているような小さなジムだけでなく、ある程度の規模を持っていて、大手からたくさんのお客さんが付いているトレーナーを引き抜いてきているようなジムでも集客がうまくいっていないようでした。

トレーニングジムというのは、そもそも集客の難しいビジネスです。

「痩せたい」「健康でいたい」「筋肉をつけたい」

人が抱えている問題を解決する仕事ですから、お客様が集まりそうなものですが、トレーニングというのは、それ自体が相当に面倒くさいものなのです。問題解決よりも、面倒くさいという心理が先に立ってしまい、重い腰を上げられないという人が多いのです。

そして、パーソナルトレーニングジムはビルの中に入っている目立たない場所にあることが多く、看板などを使った宣伝がうまくできないという問題もありました。

インターネットの検索エンジンの検索結果に基づいて、ターゲットを絞った広告を出せるリスティング広告を打っても、月に三万円ほどかけて問い合わせが一人来るかどうか。多くのジムでは、契約を一人獲得するのに五万円ほどの経費がかかっていました。

「効果的な集客方法はない」

これが、パーソナルトレーニングジムから集客方法を尋ねられたときにした、私の答えです。

世の中にこれだけパーソナルトレーニングジムが乱立し、誰もが知るような超大手が存在する中、ウルトラCのような集客方法などあるはずがありません。

そこで私が提案したのは地味ではあるものの着実で、確実な集客方法でした。この手法に勝る集客方法はありません。

その手法は「友達や知り合いを呼びまくる」ことです。

驚くことに、こんな当たり前の方法を実践していない経営者は多いのです。友達や知り合いに営業をかけてお金をいただくことに抵抗があるようなのですが、それはまったくおかしな考え方です。友達でも知り合いでもないのに、お店に来てくれてお金を使ってくれるお客様のほうがありがたいはずなのに、友人知人の方に気を使っているのです。はっきり言って格好をつけているだけとしか思えません。友人知人に、店がうまくいっていないように思われるのは嫌なのでしょう。

それでも人は、お客様がまったくいないお店よりも、ある程度流行っているお店の方が入りやすいものです。自分のお店や技術に自信があるのなら、友人知人を誘いまくりましょう。

次に、お店の近隣エリアで行われている異業種交流会や経営者交流会への参加も確実な集客方法です。

自分がパーソナルトレーナーをやっていることを直接伝えること以上に効果的な広告はありません。

ここで大切なのは「近隣エリアで行われている」ということです。

遠方に足を運ぶのは誰しも面倒くさいものです。その場でどんなに会話が弾んでも、電車や車で何十分もかかるような場所には足は運びにくいですし、リピートも望めません。その逆で、近隣であれば名刺交換をしただけの人でも足を運んでくれることがあるものです。

そして、ホワイトニングや脱毛サロンなどのような個人規模の経営者が多く取り入れている手法に自分が客として通っているお店への営業というものがあります。

自分が食事に行くお店のオーナーや店長、スタッフに宣伝するのです。これは飲食店に限った話ではありません。自分が普段使う場所であれば、クリーニング店や整骨院、コンビニだって、宣伝できるチャンスの場です。しかも、普段自分が使う場所であれば、ほとんどがご近所さんでしょう。足を運んでくれる確率は高いはずです。

大事なのはリピート率

私は店舗ビジネスの集客においては、何よりもリピート率が大切だと考えています。

確実にリピート率を上げることを最初に行い、次に新規の客数を増やしていく。これが出来れば、人が人を呼び、紹介で集客が回っていくようになるのです。

前項で書いたパーソナルトレーニングジムは、このリピート率を維持することが非常に難しい業種です。自分の身体を鍛えるトレーニングはとても苦痛で面倒くさいものです。せっかく入会しても、面倒くさくて通わなくなり、やがて退会してしまう人が多いのです。

チラシなどによく付いている無料トライアルのチケット。実はこれの集客効果も、面倒くささの解消にあります。もちろん、無料だからということもありますが、それ以上に、その時だけはお金のことなど面倒なことを考えなくても利用できるからという点が、効果を生んでいるのです。

このようにせっかく集客しても、続けてもらえないのでは意味がありません。

ただし、普通のトレーニングジムと違い、パーソナルトレーニングジムは個々のトレーニングにマンツーマンという強制力をつけているのが特徴です。トレーニング状況だけでなく、食生活まで指導してくれます。そして、いい成果が出ているときには担当トレーナーが褒めてくれるのです。その強みを十分に活かさない手はありません。

パーソナルトレーニングジムから相談があった場合、私はこの質問を必ずします。

「お客様をどれだけ褒めていますか？」

多くのトレーナーが「褒めている」と答えますが、リピート率を大切に考えるなら、普通に褒めているくらいでは全然足りません。褒めすぎだと思うほどに褒めるのです。

「素晴らしい！」「すごいですね！」「ムチャクチャよくなってます！」

それくらいたっぷり褒められてこそ、お客様はトレーニングを続けていけるのです。

繰り返したっぷり褒められていると、お客様は褒められることに喜びを感じ、「ジムに行って、また褒められたい」「もっと頑張って褒められよう」と、面倒くさいことを面倒くさいと思わなくなるのです。

この面倒くさいことを面倒くさいと思わせないようにすることがポイントです。

昨日よりも体重が減った。先週よりも筋肉が付いた。ジムではそんなわかりやすい目に見える成果が出ないときもあります。

そんなときは、身体の中で起こっていることを話してあげるなど、目に見えないものを実感させてあげることが大切です。

「今、代謝が上がってきているので、このまま続けたら痩せられますよ」

「見た目ではわかりませんが、数値では筋肉量が◯パーセント増えていますよ」

どれだけ目に見えていなくても、意味があることをやっていると思えることで、お客様はトレーニングを続けることができ、リピート率も上げることができるのです。

ＢｔｏＣをＢｔｏＢで考えてみる

自社のビジネスモデルがＢｔｏＣ（お客様が個人）だからといって、お客様を一般消費者（Consumer）だけに限定する必要はありません。むしろ、新規顧客を掴むためにはＢｔｏＣでもＢｔｏＢ（お客様が法人）にできないかという発想が必要です。

以前、葬儀社の社長から相談を受けたことがあります。

不謹慎なようにも思えますが、葬儀社だって集客は必要です。社員の生活がかかっているのですから当然です。

しかし、お客様が葬儀社を選ぶ瞬間は、ある日突然やってきます。ご家族がお亡くなりになってから、そこで初めて葬儀社を選びはじめるのです。葬儀社にしても、いつお客様が来るのか、そのタイミングがわからないのです。

このようなビジネスこそ、ＢｔｏＣをＢｔｏＢで考える必要があります。

私はこの葬儀社の社長にもっと他の企業と提携をするようにアドバイスしました。

亡くなった人の情報をいち早く掴めるような企業と仲良くするべきだ、と。

わかりやすく、誰でも思いつくところから話をすれば、病院でしょう。しかし、病院には出入りの業者が決まっていることが多いのです。

そこで、「人の死」から発想を広げていきました。

次に思いついたのは、老人ホームやケアハウスなどの老人介護施設でした。不謹慎だと言われるかもしれませんが、現実問題として、老人介護施設は亡くなった人の情報にとても近い位置にあります。

さらに広げると、ワンルームマンションやアパートのオーナーもそうです。老人の一人暮らしが多く、実際に孤独死がニュースで伝えられています。

マンションで孤独死があった場合、不動産管理会社が連絡を取るのはその部屋の清掃・復旧を請け負う特殊清掃会社や遺品整理会社などです。

葬儀社として新規のお客様を見つけるため、老人介護施設やマンションオーナー、不動産管理会社、特殊清掃会社、遺品整理会社との提携を強めるべきとアドバイスしました。

近隣にあるそれらの会社を探せば、三〇社くらいにはなるでしょう。三〇社に声をかけて密に繋がっていれば、月に一～二件は仕事に繋がるはずです。一件当たりの単価が大きい葬儀社であれば、これは大きな営業成績です。

ＢｔｏＣのビジネスをＢｔｏＢにできないかという発想が必要なのは、何も葬儀社ばかりではありません。

先ほど紹介したタルト屋さんでも企業を相手に何か売れないかということを話し合いました。

企業で何かしらのいいことがあれば、全社を上げてお祝いをすることもあるでしょう。その時に、タルトを発注してもらえるよう普段から企業に売り込んでおくのです。これは、実は昔からよくある弁当屋さんの営業手法と同じなのです。

パーソナルトレーニングジムの場合は近くの整体や整骨院と連携するようにアドバイスしています。

個々の身体の状態を見て最良の状態に仕上げていくパーソナルトレーニングは、実は高齢者にこそ向いているトレーニング方法なのです。しかし、お年寄りはジムには行きません。お年寄りが通う整体や整骨院でパーソナルトレーニングができるのが一番いいのです。

そこで、パーソナルトレーニングジムとして、整体や整骨院と連携し、お年寄りに無料で運動のアドバイスなどをやらせてもらうのです。そこから新規契約に繋がるお客様を見つけることができるはずです。

フランチャイズも実は感情を売っている

私は起業家や経営者を相手にした講演を依頼されることが多いのですが、そこでよく話すことに『人は感情を買っている』というものがあります。

高級料理店とチェーン店の牛丼屋。どちらもお腹を満たすお店です。どちらも満腹感という意味ではお客様を満足させてくれるでしょう。味だって、どちらも美味しいはずです。しかし、同じようにお腹を満たしてくれるお店でも、高級料理店の方が牛丼屋の何十倍も高い料金を払わなければなりません。

それなのになぜ、高級料理店で食事をする人がいるのでしょうか。

高級料理店に行く人は、自分は高いお金を出して裕福な人しか来られないお店で食事をできるという「優越感」であったり、そんなお店で食べられる自分はすごいという「自己顕示欲」を満たすためだったり、そういった感情、感動にお金を払っているのです。

それは、牛丼屋も同じです。「この値段でこんなおいしいものが食べられるなんて」という感情、感動です。

そのため、ものを売るときには自分がその商品・サービスでどんな感情を売っているのかまで考えてみる必要があるのです。

それはフランチャイズでオーナーを募るときも同じです。

あるとき、ドローン事業をフランチャイズ展開させようとしている人からの相談を受けました。用意されていた加盟者募集用の資料には開業資金や利回りなど、フランチャイズ展開する上で必要な数字が過不足なく記されていました。

しかし、私はその資料を作り直すようにアドバイスしました。

その資料には「足りないもの」があったのです。それは「感情」です。

フランチャイズのオーナーになる人は、自分がその事業のオーナーになることで周りからどのように見られるかをイメージします。社会貢献度の高い事業であれば、篤志家として社会事業などに熱意をもっている人間として見られることをイメージしますし、お洒落な商品を販売する事業であれば、その商品を扱う自分もお洒落な人だと見られることをイメージします。

資料に書いてある文言や提供されるサービス内容から見て、このドローン事業で売るべき感情は「格好良さ」だったのです。にもかかわらず、資料はとても無機質で、格好良さを感じる表現が一切書かれていなかったのです。

これでは、ドローンに興味を持っている人でも一歩を踏み出せません。

「この事業、俺がやっていたら格好いいよな」

用意しなければいけないのは、そんなことを思い描ける資料です。

このような感情を乗せた資料を作る必要性をわかっていない人が少なからずいます。資料はデータや金額などの数値さえ正しく掲載されていて、見やすく整ってさえいればそれでいいと思っているのです。

しかし、人は感情を買うのです。商品を説明する資料はその感情が伝えられなくてはいけません。このドローン事業で言えば、「格好良さ」がその感情です。

一般的に多くの男性は自分が格好良く見られたいと思っています。そこに「格好いい」という感情を載せた資料を見せることで、自分もその事業を手掛け、格好良く見られるかもしれないという感情を抱くのです。

格好いい資料から、格好いい自分をイメージするからこそ、お金を出そうと思えるのです。

売る相手やお客さんを見直す

ＢｔｏＣのビジネスでもＢｔｏＢにできないかという発想が必要だと述べましたが、逆の発想でうまく行った事例がありますのでご紹介しましょう。

ＳＥＯ対策をする会社にＳＥＯの分析をするプログラムを売っている会社から、このプログラムをもっと売りたいがどうすればいいだろう？　と相談を受けました。

そのプログラムは、キーワードを入力すると一分ほどで、上位表示しているサイトを統計的に分析して、上位表示するために必要な傾向を教えてくれるだけでなく、上位表示するために必要な記事構成の傾向を自動で分析してくれるという優れものでした。

相談者はこのプログラムを導入してくれる会社を増やしたいという考えでしたが、私はＢｔｏＣに力を入れてはどうか？　と提案しました。このプログラムはシンプルで使いやすく、一般ユーザーでも使いこなせそうだと思ったからです。

今の時代、ＳＥＯ対策は大きな企業だけでなく、個人レベルでも行っています。このプログラムを使えばＳＥＯ対策を自分でできるということを謳《うた》って、見栄えなどももっと一般ユーザー向けにすれば、間違いなくＢｔｏＣでも売れそうでした。

これまで、ＳＥＯ対策会社に月々支払っていた金額よりもずっと安い値段で、自分でＳＥＯ対策ができるのであれば、このプログラムを導入しようという人は多いはずだ。私は相談者にそう話しました。

その話を聞いた相談者は、

「そういう発想はなかった。業者が使うプロのプログラムだと思い込んでいた」

と話されていました。

その後、販売先を個人に広げた結果、このプログラムはＢｔｏＣでも大きく売り上げを伸ばしました。

様々な技術の進化により、昔は業者にしかできなかったことでも、今では個人で出来るようになったものは数多くあります。どのビジネスでもお客様は一定ではないということです。思い込みを持たず、売る相手、お客様がどこにいる誰なのかを常に意識する必要があるでしょう。

ＢｔｏＢのビジネスでもＢｔｏＣで売れるチャンスがあるものは他にももっとあるはずです。

この章のまとめ

○商売や経営の本質は「問題解決」

人が抱えている問題の解決策を付加価値として、お金を生み出すヒントとしよう。

○起業の勉強はどこでも出来る

何をするにも相手の期待以上の成果を出して、信用貯金を貯めよう。

○ビジネスで格好つけてもいいことはない

ホスピタリティの高い接客、身の丈に合わないサービス・品揃え、集客で知人を頼らない。

どれも格好つけているだけの意味のないことだと自覚しよう。

○売る相手を思い込まない

ＢｔｏＣのビジネスだから個人相手、ＢｔｏＢのビジネスだから法人相手は思い込み。

広い視野を持ってお客様の幅を広げよう。

○人は感情を買っている

そのお客様がどういう感情になりたいのかをよく考えて商売しよう。

3日目

起業前に勉強しなければいけないことはない

概要

3日目は、起業の準備から、いざ起業するにいたるまでのマインドをご紹介します。

ビジネスの探し方や起業のタイミング、起業までにしておいた方がいいことなどを考え方だけでなく、具体的な事例も交えて解説します。

起業のタイミングと資金

「竹之内さん、起業に向いたタイミングってありますか?」

これは、私が起業系のセミナーに呼ばれた際、毎回尋ねられる質問です。

答えは、学校を卒業するとき? 就職して三年目くらい? 結婚直後? 就職した会社で重要なポストに就いたとき? はたまた出世が望めなくなったとき? 定年間近に準備を始めて定年直後に起業するのがベスト？

どれも正解といえます。

実は事業（会社）なんて、興そうと思えばいつでも興せます。そして、ビジネスモデルがしっかりした良いものであれば、誰がやっても成功することができるでしょう。もちろん、不要な出費をしないなど、最低限の考え方は持っていないといけませんが。

しっかりと準備ができていれば、それがあなたにとってベストな起業のタイミングです。

もしもフランチャイズに加盟することで起業を考えているのであれば、開業資金の準備ができたときが起業のタイミングです。

起業のタイミングとは少し話がずれますが、私はこれまで事業を興すとき、「自分のお金」は一切使っていません。いつも誰かが「その事業ならお金を出そう」と言ってくれたからです。

「お金」というのは信用を数値化したものです。

クレジットカードだって、ある程度の信用がないと持つことはできませんし、信用の大きな人ほど利用額や借入額の枠が大きくなるでしょう。

先の項でも述べましたが、「起業したい」「お金持ちになりたい」と考えているのであれば、この「信用」を貯めることが大切なのです。「信用貯金」です。

では、どうすれば信用貯金を貯めることができるのか？

そんなに難しいことではありません。

「約束を守る」
「期待に応える」
「期待以上の結果を出す」

これだけで信用貯金は少しずつ貯まります。

起業を考えている人に話を聞くと、多くの人が起業のための資金として貯金をしていると言います。信用貯金のことを考えれば、そのお金は自己投資に回すべきお金でしょう。自分のスキルを高めて、期待に応え、期待以上の結果を出すために使うお金です。交流会などで多くの人と出会って、自分を信用してくれる人を見つけるために使うのもいいでしょう。

信用貯金が貯まっていれば、起業の際、必要なお金は回ってきます。

信用貯金が貯まっていれば、起業はどのタイミングでもできるのです。

新規ビジネスの見つけ方

起業はしたい。でも「どんなビジネスで起業をしたらいいかわからない」「新しいビジネスを見つけることができない」という人がいます。

普段、会社に勤めている方なら目の前にこなすべき仕事がある以上、起業の種を見つける時間がないのは当然のことです。

むしろ、「自分には新しいビジネスを探す時間が足りていない」と自覚することはとても大事なことです。それに気付かず、偶然閃いただけのビジネスアイデアを盲目的に信じ、実際に起業してしまうなどもっての他です。

では、「新しいビジネス」はどうやって見つければいいでしょうか？

その答えはとても地味ですが、日々、しっかりとアンテナを張っていたら、新規ビジネスのヒントや儲かるビジネスの情報は必ず入ってきます。

毎日の仕事に忙しくしているとアンテナを張る余裕はないので気付かないかもしれませんが、みなさんが思っている以上に、世の中には新しいビジネスのヒントが転がっているのです。

例えば、セミナーに行ったり、異業種交流会に参加したり、お金を使ってでも直接、誰かの話を聞きに行くことはできます。私の話だって聞きに来ることができますよね？

セミナーや交流会には、それまであなたが知らなかった「新しいビジネス」の話があふれています。

あるいは、YouTubeのビジネス系チャンネルを見ているだけでも、今、どんなビジネスが流行っていて勢いがあるのかもわかります。

極端な話、ビジネスを探そうと意識して街を歩いていれば、流行ってるビジネスを見つけることはできます。

このような意識で一年も生活すれば、絶対にいいビジネスのヒントが見つかります。確実に儲かって、リスクも少ない事業というのが世の中には絶対にあるのです。大事なのは、それを探すことを強く意識して過ごすことです。頭のスイッチを「起業のアイデアを探すモード」に切り替えるのです。

これくらいの努力さえせず、ちょっと考えただけで起業してはいけません。

では、意識を変える以外で新しいビジネスを見つける方法をお伝えします。

急に具体的になりますが、内装業の人に話を聞くのはお勧めです。彼らは流行りのビジネスをよく知っています。いろんなビジネスが新たに始まるとき、まずはオフィスや店舗を作り替えます。その際、必ず内装業者が入るのです。そして、彼らはその流行り廃りを目の当たりにしているため、どんなビジネスがうまくいって、うまくいかないのかを肌感で知っているのです。

彼らに聞いた流行りの店舗と似たようなビジネスを始めれば、うまくいく確率は高いでしょう。

あるいは、アマゾンや楽天といったＥＣサイトを見ていれば、今、何が売れているのかを知ることができます。多くのサイトが売上をランキングで見せてくれていますから、分析すら必要ありません。その売れ筋の商品を真似して作ってしまえば、自分でも売れてしまうわけです。

このように、しっかり意識して、新規ビジネスを見つけに行く行動ができる人は、安全で確実な新規ビジネスを見つけることができるのです。

やる気はあるのに、うまくアンテナを張れていないという人は、いまはまだ自分は手が空けられていないのだと自覚しましょう。日々、自分の仕事で労働収入を得ていたら、時間を作るのはどうしても難しいことです。

しかし、新規ビジネスを見つけるため、一番よくないのがこの「時間がない」状態なのです。利益を減らしてでも時間を作ることが出来ればよいのですが、それも難しいのであれば、誰かが見つけたビジネスに乗っかってしまうのもよいでしょう。それがフランチャイズです。

どうしても時間が作れないという人は、せめてフランチャイズを研究・検討する時間を確保しましょう。

ビジネスを始めるときの考え方（マインド）

やっと自分がやるべき新しいビジネスが見つかった！　という方が具体的にそのビジネスを始めようとするとき、こんなマインドで取り組んでください。

それは「楽観・悲観・楽観の順番で考える」ということです。

まず、ビジネスを見つけるときは数ある中から、うまくいくかもしれないというビジネスを探すわけですから、「このビジネスいいんじゃないかな」「これはイケるかも」と、【楽観】モードでどんどん探し出せばいいと思います。

しかし、そのビジネスを始めるために「計画に移す」ときは一転して、【悲観】モードにならないといけません。

「このビジネス、お客さんが集まらないのでは？」

こんな視点を持たなければいけないのです。

悲観的になって、その計画を「うまく行くとは思えない」「失敗したら大変だ」と思って見つめ直すのです。

人は自分でビジネスを始めようとするとき、「絶対イケる」という見方をしがちです。ついには「楽観」→「楽観」→「楽観」で突き進んでしまうのです。

悲観的に計画を見つめ直し、ダメなところを見つけては潰し、見つけては潰し、それを繰り返して、どれだけ悲観的に見ても、「これならなんとかイケそう」という判断が付くのであれば、あとは【楽観】モードでビジネスをいよいよスタートするのです。

ビジネスをスタートする段階になったら「人は集まるかな?」「店を持つのって大変そうだな」などと考え過ぎるのではなく、楽観的に行動するのです。

ビジネスを始めるときは「楽観・悲観・楽観」。これと同じような考え方を、あの『経営の神様』である松下幸之助氏も言っています。とても大事なマインドなので、しっかりと覚えておいてください。

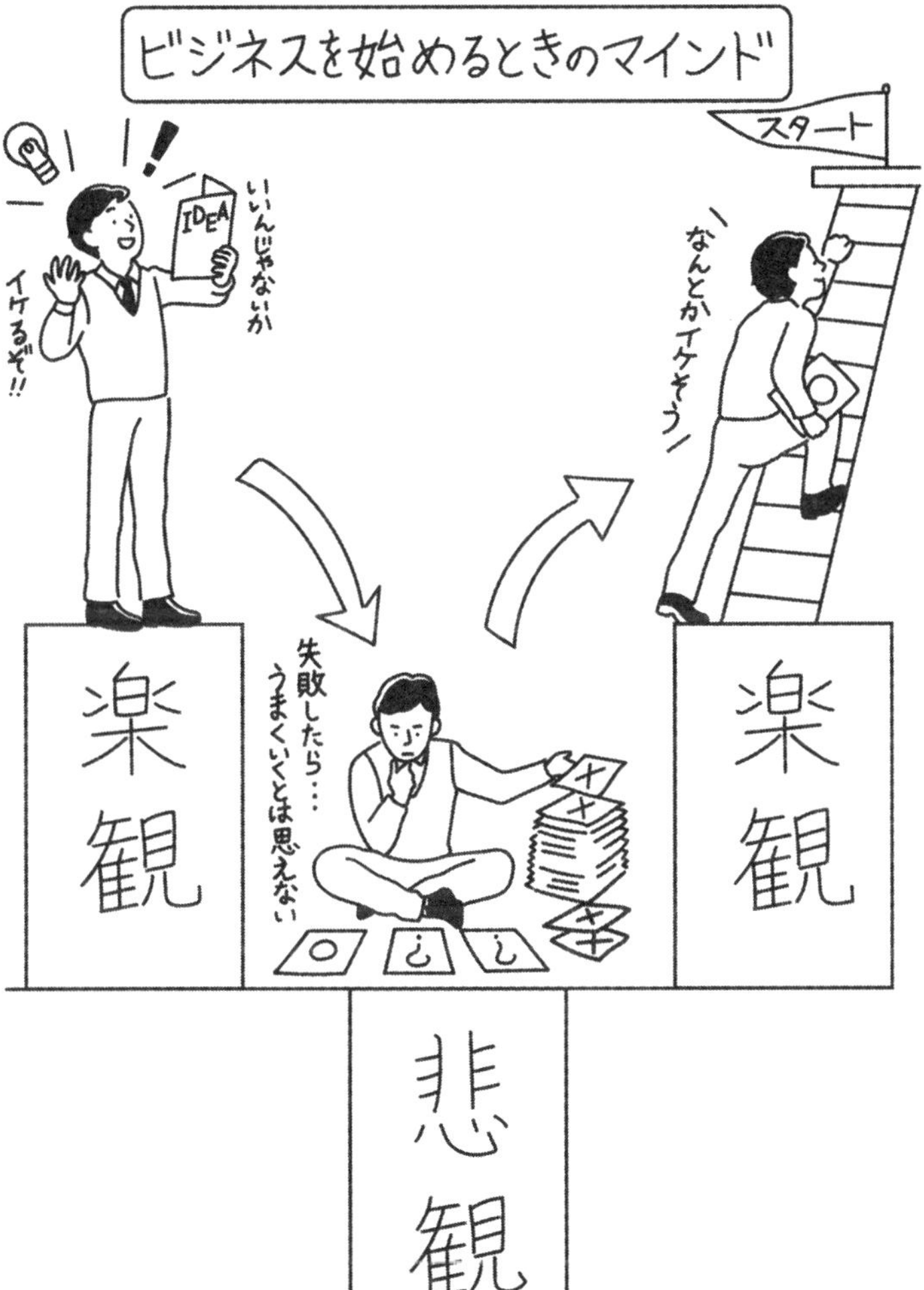
ビジネスを始めるときのマインド
IDEA
いいんじゃないか
イケるぞ!!
スタート
なんとかイケそう
失敗したら…
うまくいくとは思えない
楽観
悲観
楽観

フランチャイズから起業のヒントを得る

先に起業すべき新しいビジネスの探し方について述べましたが、起業の種を探す方法の一つに「フランチャイズ」があります。加盟店を募集しているフランチャイズビジネスから新しいビジネスのヒントを探すのもいいですし、魅力的なフランチャイズに実際に加盟して起業するという方法もあります。

フランチャイズについてはインターネットで検索すればいくらでも情報が集められますし、フランチャイズの展示会も各地で開催されているので、直接、担当者から話を聞くことだって容易にできます。

それと同じように代理店ビジネスから起業のヒントを得ることも可能です。

代理店ビジネスでは、ビジネスを探すことだけでなく、そのビジネスを始めることで、将来の起業のための営業力を身につけることもできるでしょう。

私は常々「ビジネスを始める上で大切なことはすべて営業から学べる」と考えています。

実際にセミナーで、

「将来、起業を考えている人はどんな仕事に就けばいいのか？」

そんな質問をされたときは、必ず、

「できるだけ高額な商品やサービスを売る営業職がいい」

と答えています。

もしも可能なら「訪問営業」の仕事がよりいいでしょう。「訪問営業」は文字通り、足で稼ぐ上、契約率も決して高くないので、とてもしんどい仕事です。その代わり、なり手が少ないので始めたいと思えば、いつでも始められる仕事でもあります。

しかし、そこには経営スキルを磨く要素が詰まっています。高額商品を扱う訪問営業で成功する人は、どんなビジネスでも成功させることができるでしょう。

訪問営業には、そもそもその商品の存在すら知らない、「買いたい」という気持ちになっていない人に、その商品の魅力を伝え、「買いたい」と思わせるテクニックが必要です。これはつまり、先の項で述べた「ものに付加価値をつけて売る」ということにほかなりません。

それがうまく出来るようになると、次にそのノウハウを人に教える力が必要になります。

営業成績がいい人は、チームのメンバーにその営業テクニックを教えるように言われることが多いからです。それを繰り返すうち、人を教育する力が身につき、結果として、再現性も身につきます。自分のノウハウをマニュアル化できるようになるのです。

そのままチームリーダーになるようなことがあれば、チーム内の揉めごとを解決したり、組織を作る能力も身につけることができます。

もちろん、これは高額商品の訪問販売だけに言えることではありません。世の営業職のすべてに言えることです。売りにくい商品を売るという枷《かせ》がないのであれば、その組織の中で営業成績がトップの人の真似をして、自分も同じくらい売れるようになることを目指しましょう。

起業に簿記や会計の知識は必要？

書店に並ぶ『起業の教科書』的な本には、現役の経営者ではなく士業の方が書いたものが多く、しかも「起業するならその前にたくさん学ぶことがある」「起業するなら絶対に会計の知識が必要だ」などと書かれたものが大半です。士業の方が書かれているのですからそう書かざるを得ないのかもしれません。

しかし、私はそういった本を丸々否定するつもりはありませんが、起業する前に会計などの知識は特段必要とは思いません。ビジネスをやりながら覚えていけば十分と考えています。少なくとも『起業の教科書』的な本を読んで、事前にたくさんのことを学ばなければ起業してはいけない、ということはないと思います。

かく言う私も、「りらくる」を創業したときにはＰＬ（損益計算書）もＢＳ（貸借対照表）もまったく知りませんでしたし、その知識を得てからも、なぜそれが必要なのかわからないままに経営を続けていました。正直に打ち明ければ、今でも自分の事業でその二つをしっかり見ることはありません。

あえて言い切るなら、ビジネスを始めるときに必要なのは「どうやったらお客さんが来るか」ということだけです。逆に言うなら、これだけは絶対に知っておかなければばいけません。

もちろん、起業後に覚えなくてはいけないことは色々あります。中でも一番意識すべきなのは「税金」です。ある年、何かのきっかけで突然売上が上がり、翌年に信じられない額の納税が待っていたという話はよく聞きます。特に消費税は、一時的に預かっているだけのものです。預かっているものはしっかりと納めなければなりません。それを知らない人も少なからずいるのです。

ただし、消費税に関しては条件により、二年間の免除があります。その間に、その仕組みを学んでいくとよいと思います。

税金に関しては、翌年にどれくらいの納税が必要になるかを常に意識しておいて、準備しておくのがいいでしょう。翌年納税すべきお金は最初から銀行口座を分けて温存するくらいの意識は必要です。税金は待ったなしです。

まだまだチャンスのある業界

今、自分が身を置いている業界で、自分が飛躍することは難しいかもしれないと思っている人は多いかもしれません。しかし、そんなことはありません。時代は常に変わっていっているのです。新しい技術、価値観を持ち込むことができれば、飛躍するチャンスがあるかもしれません。

特に職人気質の経営者が多い業界にはまだまだチャンスがあると思っていいでしょう。

建築業界や内装業界には一人親方が多く、マネージメントを専門にする人がおらず、実は営業の仕組みがうまく出来ていません。

ＩＴ化が進んだこの時代においても、インターネットに疎い会社が多く、ネットでの集客も求人も出来ていないのです。

例えば、求人だけに特化してその業界に入り込むことも出来ます。求人誌に出稿する原稿の文言もどうしていいかわからない、そんな経営者に代わって求人広告を打ってあげるだけでも商売になるかもしれません。

今、勢いのある美容業界もともとは職人気質の経営者が多い業界でした。そこに経営だけを手掛ける人が参入したことにより、大きな変革が起きたのです。

もちろん、そんなことが出来た人たちは経営スキルの高い人たちです。今後、どこかの業界に入って革新を起こすことが出来るのも経営スキルの高い専門家ということが多いでしょう。

そこまでではなくても、もし、自分が今いる業界での大きな飛躍や自分の仕事の拡大を考えているのなら、「いつの間にか自分は職人になっていないだろうか？」という視点を持つことは大事です。

自分のしている仕事が接客でも営業でも、一つのことに集中し、「自分がいなければ」という意識で仕事をしていたら、それはもう「職人病」にかかっています。

自身の飛躍を考えるのなら、職人病から脱却することをお勧めします。

この章のまとめ

○起業はいつでも出来る

信用貯金を貯めて、自分を応援してくれる人を見つけよう。

○新規ビジネスのヒント探しを意識する

様々なところにアンテナを張って、新しいビジネスを見つけよう。

○楽観・悲観・楽観

新規ビジネスは、見つけるのは気軽に、計画は厳しく、スタートは勢いを持って。

○起業を考えている人がするべき仕事

起業の力を付けるなら、できるだけ高額な商品やサービスを売る営業職に就こう。

営業職には経営スキルを磨く要素が詰まっている。

○起業に簿記や会計の知識は必要ない

最低限必要で何よりも大切な知識は「どうやったらお客さんが来るか」ということ。

○自分の飛躍・業務拡大のために必要なこと

「自分は職人になっていないだろうか？」という視点を持つようにしよう。

4日目

成功への「安全な王道パターン」

概要

4日目は、権利収入を得るための安全な王道パターンから事業拡大のヒントとなる考え方をご紹介します。

私が実践している優良なビジネスの見分け方や実際に私が受けた相談などから本書の読者に役立つ情報を選り抜きました。

安全な王道パターン

こんな話をされるとかなりの方が意外に思われるかもしれませんが、実は、成功を掴み取るには「安全な王道パターン」が存在します。

これを知っているのと知らないのとでは、当たり前ですが起業後の結果が大きく違ってきます。

なお、私がここでいう成功の定義は、「自分自身が働かなくても権利収入が入ってくる状態をつくる」ことを指します。自分が働き続けることでお金を得ていると、万が一自分に何かあったら、その途端、収入が断たれてしまいます。そんな不安と隣り合わせの状況から脱却した状態を成功と定義しています。

もちろん、「自分が働き続けることでお金を得る」状態では失敗だと言うつもりはありません。

話が逸れましたね。安全な王道パターンの話です。

それは、

「まず労働収入でお金を貯め、それを元にフランチャイズに加盟して権利収入を得る」

というものです。

労働を頑張ったことによってお金（貯金）が生まれたら、無駄遣いをせずに、それをフランチャイズに投資するという考え方です。

実は起業した人には、自分が常に店に立たなければいけなかったり、自分のマンパワーで集客をしていたり、結果としてサラリーマン時代と同じ「労働収入」モデルになっている人が多いのが現実です。

こういう人こそ、そこで稼いで貯めたお金でフランチャイズを始めるのが一番ですとお伝えしています。

ところで、世の中の大手企業は常に新規事業を探しています。そして、その多くの大企業は、他社が本部となって運営するフランチャイズに加盟し、資本力を活かして何店舗も展開しています。

大手企業でさえ、どうなるかわからない新規事業にお金を使うより、フランチャイズに加盟したほうが確実に儲かると考えているのです。

たとえば、駅ビルの中にそのようなフランチャイズのお店をよく見かけます。それは鉄道会社が他社のフランチャイズに加盟して自社が持つ多くの駅ビルに出店しているからです。

それほど「優良なフランチャイズ」が手堅いビジネスであることがよくわかるで

しょう。

このような例があるように、しっかりしたフランチャイズを選ぶこと。それが起業して成功する近道だと断言します。

読者の中には私が「りらくる」を直営で展開したため、フランチャイズビジネスには否定的だと思われている方もいるかと思いますが、そんなことはありません。

折角ですから、ここで「優良なフランチャイズ」の見分け方をお伝えしましょう。

優良なフランチャイズの見分け方

今、世の中には数々のフランチャイズがあります。いいものに巡り会える人もいれば、残念なことに詐欺のようなものに出合ってしまう人もいることでしょう。

詐欺とまでは言わなくても、中には、その業態が成功するかどうかわからないから他人のお金を使って他人にやらせるというフランチャイザー（本部）もあるのです。

こういったところに出合ってしまうと非常に危険です。

では、どうすればしっかりした「優良なフランチャイズ」を選べるのでしょうか。

加盟を真剣に考えているなら、本部が出してくるきれいな数字だけで判断せず、いくつも質問してみることをお勧めします。

まず、本部が直営で展開している店舗数を確認してみてください。

危険なフランチャイザーの多くは直営店が一店舗という場合が多く、加盟店のほとんどが赤字という状況です。ですから、加盟店の赤字店舗の割合を直接聞いてみればいいのです。

そんな数字さえ教えてくれないフランチャイザーは、儲かっていないことを公言しているようなものです。

多くのフランチャイザーは、加盟店（フランチャイジー）を少しでも多く集めたいと思っています。もし、黒字店舗の割合が多ければ、それはフランチャイジーを集めるとてもいい宣伝材料になるはずです。こちらが聞かなくても、積極的に黒字店舗の割合を教えてくれるでしょう。

ただし、ライバル企業にそのビジネスのうま味を知られたくない、真似されたくないとおそれて教えてくれない場合も考えられますので、そう思われないように謙虚に質問してくださいね。

もし、「わが社の加盟店はすべて黒字です」という返事が返ってきた場合は、「では、これまでに閉めた店舗はどれくらいありますか？」と質問してみてください。一〇店舗中一〇店舗黒字でも、これまでに二〇店舗閉めていたら、それは危ないフランチャイザーです。

少なくとも、黒字と赤字の店舗、それに、閉めた店舗の数くらいは確認するようにしましょう。「八〇パーセント以上が黒字になっていない」なら、そのフランチャイズはやらない方がいいでしょう。

また、新規のフランチャイズではなかなか難しいかもしれませんが、ひとつの指標として、加盟を考えている相手に開業資金を融資してくれる銀行を紹介してくれるようなフランチャイザーは安心です。

銀行の融資審査は厳しいものですが、その銀行がこのフランチャイズになら貸してもいい、貸してもしっかりと回収できると考えているということですから、黒字率が高いと考えてよいでしょう。

フランチャイズの中には、直営でやっても儲かるのに、本部が大きくなることが面倒だという理由で、本来ならフランチャイザーの儲けとなる利益を、フランチャイジーに還元しているようなフランチャイズもあります。

私はこれを「ボランティアフランチャイズ」と呼んでいます。

フランチャイズを考えている人は、こういったフランチャイザーを見つけ出していければ、より多くの収入を得ることが出来るでしょう。

権利収入を得るという形の成功を手に入れるなら、フランチャイジー（加盟店）のオーナー（経営者）が属人的に働き続けなくてはならないフランチャイズは選ぶべきではありません。

コンビニや牛丼屋などはスタッフが確保できなかったからといってお店を閉めることが出来ないので、オーナー自らが店に立つことになります。これでは権利収入にはなりません。

コンビニエンスストアは大手企業が大半です。どこも大きな営業利益を叩き出すビジネスです。それなのにフランチャイズで展開せざるを得ないのはこれが理由です。

また、どんなビジネスにも言えることですが、フランチャイズを選ぶにも「投資回収」という視点は大切です。

投資した資金が何年で戻ってくるのか？　という視点です。

目安としては「三年以内の回収」にするのがよいでしょう。それよりも長いようであれば、フランチャイズとしての評価は低くせざるを得ません。環境の変化が早い今の時代、何が起こるかわかりません。投資回収という意味だけに絞れば「二年以内に回収」できるようなフランチャイズがより好ましいでしょう。

フランチャイズと新規ビジネス、どちらを選ぶべき？

自分が経営者になるとき、フランチャイズか新規ビジネスのどちらがいいのか？

繰り返しますが、私は、権利収入を得るビジネスを目指すならフランチャイズがよいと思っています。

もちろん、自分で考えた新規ビジネスであれば、うまくすれば、そのビジネスでフランチャイザー（本部）となることが出来るかもしれません。

しかし、ビジネスとしての成功率は雲泥の差です。

フランチャイズは新規でビジネスを見つけるより、圧倒的に楽で安全なのです。加盟金を支払うことだって、新規ビジネスでの失敗に比べたら安いものです。

もし、フランチャイズと新規ビジネスに具体的なものがあるのなら、ここでも投資回収という視点で冷静に考えてみるのがよいでしょう。

たとえ自分で考えた新規ビジネスだったとしても、回収に二年かかるものと、フランチャイズで一年半で回収できるものであれば、フランチャイズを選んだ方がいいというのが私の考えです。

また、実際にフランチャイズに加盟しなくても、優良なフランチャイズを探す過程で、あなた自身が相当勉強できるはずです。

前にも述べたように、人は自分が思いついたビジネスにはつい甘い見通しをしてしまいがちです。ところが、他人がつくったフランチャイズを調べる際は、厳しい視点で調べたり、比較することができます。この「厳しい視点で検討した経験」が自分自身のビジネスにも活かせるのは間違いありません。

外注をうまく使う

これまで「権利収入を得るビジネス」の探し方についてお話ししました。

あなたの成功の形が「事業の拡大」なら、成功のために、たとえ自分で出来る仕事であっても「外注の力をうまく使う」ことを考えなくてはなりません。

私がコンサルティングをしている会社にオンライン秘書の会社があります。

この経営者の女性はずっと一人でオンライン秘書をやっていました。しかし、その事業を拡大させたいと、私のところに相談に来たのです。

最初に相談されたのは、「もっと事業を拡大したいが、どういう人を雇えばよいのかわからない」というものでした。秘書の仕事はメールの応対、スケジュール管理、書類・原稿作成など幅広く、色々なことが出来なくてはならないため、どういうスキルのある人が向いているのかわからないというのです。

彼女の話を聞いていくと、彼女が行う仕事の中には、雑用と言えるような「作業」が多く含まれていました。手書きの原稿や数字をただ入力するだけの作業やネットで検索すれば出てくるようなリサーチ業務などです。彼女自身、「これって私がやらなくてはいけないもの？」と思いながらも、収入を確保するために、すべて自分でやっていたそうです。そして、その業務のせいで手一杯になり、それ以上の仕事を受けることも出来なかったと言います。

そこで、彼女がしている「誰でも出来る作業」をすべて人に任せるよう提案しました。クラウドワークスやランサーズのようなクラウドソーシングサービスを使って外注するのです。

これまで自分がやることで収入になっていた仕事を、お金を払って他人に任せるのです。はじめは彼女も躊躇しているようでした。しかし、私の説明を受けて、彼女はそれらの仕事を外注することに決めたのです。

事業の拡大を考えた場合、一時的に出ていくお金が増えたとしても、仕事を自分で抱え込まず、人に任せることが大事です。

実は簡単な算数の計算ができれば、容易に理解できる話なのです。

これまで自分一人で作業をして月一〇〇万円の収入があったとします。作業は外注していないので利益はそのまま一〇〇万円です。

そこで事業拡大のため、月三〇万円を使って仕事の大半を外注しました。これだけでは月の利益が三〇万円減った七〇万円に下がりました。経営者としては大きなマイナスです。気持ち的には払いたくない出費です。

しかし、仕事を外注したことにより、自分の時間が増え、これまで断っていた仕事を受けられるようになりました。仮に収入が一・五倍の一五〇万円になったとすると、外注費の三〇万円を引いた残りの一二〇万円が利益として残ります。外注していなかった時と比べると利益が二〇万円増えたことになります。

もし、収入が倍になれば利益は一七〇万円になり、外注していないときと比べて利益は七〇万円も増えるのです。

そして、プラスになった利益で外注する人を増やし、もっと多くの仕事を受注できれば、さらに利益を増やしていく好循環が生まれるのです。


収入と支出の考え方だけでなく、私はオンライン秘書という仕事の捉え方もアドバイスしました。

オンライン秘書に細かい雑務を依頼してくる人は、その一つ一つを誰かに別々に依頼することを面倒だと思っている人です。どんな雑務も丸ごと一括で引き受けてくれるオンライン秘書を便利だと思ってくれているのです。

その業務をクラウドソーシングで外注するということは、言い換えれば、オンライン秘書はお客様の代わりに仕事を振る人を見つけてあげるサービスと表現できるわけです。

今は、自分のメッセージを発信するツールであるはずのSNSでさえ、代行してく

外注をうまく使う
作業が多すぎて手一杯
オンライン秘書
事業拡大
外注
リサーチ
代筆
入力
クラウドソーシングで仕事を振り分ける
売上げUP!

れる会社が増えています。自分でやれば無料で済むのに、他人に依頼しているのです。結局、「面倒くさい」ことは他人に任せてしまいたいのです。そして、ＳＮＳ代行会社は、その「面倒くさい」を解消するサービスを提供している会社なのです。

オンライン秘書もそれと同じで、お客様が面倒だと思っていることを代わりにしてあげる仕事です。私は、相談に来た彼女にこう伝えました。

「頭を切り替えて、そういうビジネスなんだと思ってビジネスを再構築してはどうですか？」

それから彼女は自分のビジネスへの捉え方を変えて仕事に向かうようになりました。

「今までは雑務だと思っていた仕事こそ、解消しなければいけないお客様の問題である」

そう思うことが出来るようになって、難なく数をこなすことが出来るようになったのです。クラウドソーシングを使って、仕事を振り分けるだけですから、いくらでも仕事を受注できます。

そんな風に「なんでもやります」という姿勢で仕事を受けると、相手はそれだけ体制の整った大きな会社なんだと思ってくれるようになり、それは信用にも繋がりました。

はじめはクラウドソーシングを経由して色々な人に仕事を依頼していた彼女の会社ですが、今では仕事を依頼する人も優秀な人が固定されて、その人たちと直接、業務提携をする形で安定した品質を維持しています。

フランチャイズのいいとこどり

自分の資金だけで事業を拡大させるにはどうしても限界がある。もしも他人のお金を使えたら、事業をもっと拡大させることができるのに……。

こんな悩みをうまく解決しているのが、実はフランチャイズビジネスです。

そして、この形はフランチャイズのような大きな形でなくても、個人レベルの事業でもうまく利用することは出来るのです。

不動産業を自分一人で経営している相談者がいました。彼はとても優秀で、いい物件を見つけてきては自分で買い取り、それを売るというビジネスをしていました。いい物件を見つけられても購入するには資金が足りないことがあります。そういう時は銀行に融資を申し込み、そのお金で物件を購入し、売ったお金で返済するということを繰り返していました。

このビジネスで、彼は大きな収入を得ていましたが、ひとつ、悩みがありました。それは、どれだけビジネスがうまくいっていても銀行からの借り入れ限度額が大きくならないというものでした。

絶対に高値で売れるいい物件を見つけても、その時にすでに他の物件で融資を受けている状態であれば、それ以上の借り入れが出来ず、その物件を諦めなければならないことがよくあるというのです。

「借り入れ限度額を大きくするにはどうしたらいいか？」

それが当初の彼からの相談でした。

そこで私がしたアドバイスこそがフランチャイズビジネスのいいとこどりでした。

「自分が借りるのではなく、他の人に借りてもらいましょう」

いい物件があって、自分に資金がないときは、自分が銀行から融資を受けるのではなく、買いたいと思っている人に融資を受けてもらえばいいのです。

融資を繰り返し受けてきた彼は銀行との交渉も得意です。そういった面倒な手続きはすべて引き受けて、その物件をお客様に直接買ってもらう形にするのです。

自分が借りるには限界がありますが、他人が借りるのであれば無限に借りられます。

自分に資金がある時は購入して売却する形も残しながら、融資枠がいっぱいで融資が受けられないときはフランチャイズの形で、お客様のお金で物件を購入する。彼にはこの二つを平行してやっていくようアドバイスしました。彼は今、この形でとてもうまくいっています。

そして、そのビジネスモデルでフランチャイズ化も考えています。

この章のまとめ

○安全な王道パターンとは？

労働収入でお金を貯め、それを元にフランチャイズに加盟して権利収入を得ること。

優良なフランチャイズビジネスは大手も参入する手堅いビジネス。

○優良なフランチャイズの見分け方

黒字と赤字の店舗、それに、閉めた店舗の数くらいは確認する。

○フランチャイズか？　新規ビジネスか？

投資回収という視点で冷静に考えてみるのが良い。

○事業の拡大を考えるなら？

一時的に支出が増えても、仕事を人に任せて自分の時間を作ろう。

5日目

自分のビジネスの一番の投資家は自分

概要

5日目は、ビジネスや起業において失敗しやすい考え方や行動をご紹介します。

多くの人が考えてしまいがち、やってしまいがちなことなので、これを知って、しっかり意識をしておくようにすれば、失敗を回避することができるでしょう。

「自分に甘い」から失敗する

あなたが起業を考えたとき、肝に銘じておいてほしい視点があります。それは、「自分という投資家は自分に甘い」ということです。

人が提案したビジネスプランなどは厳しく見ることができるのに、自分の考えたビジネスに対しては、なぜか「なんとかなるだろう」「きっと大丈夫だ」と、希望的観測で甘い判断をしてしまうのです。

そして、こういう時は得てして、他の人からの反対意見を聞くのが嫌で、それを受け入れようとしません。たとえ、誰もお金を出してくれなくても、自分のお金で何とかしようと、強行的にビジネスを始めてしまうのです。

はっきり言いましょう。

こんなビジネスの始め方では、失敗は目に見えています。「必ず失敗する」と言ってもいいでしょう。

安心してほしいわけではありませんが、これは多くの人に共通した起業時の失敗パターンです。

起業するなら「投資家としての厳しい目」を持とう

あなたがもし投資家だとしたら、そのビジネスを考案した本人しか成功すると言い張らないビジネスに投資をするでしょうか？

そんな人に出会ったら「本当にうまくいくのか？」ときっと疑問を抱くでしょう。そして、そのビジネスプランを精査し、「ここが心配だ」「ここに不安が残る」と、あらゆる不安材料を指摘するのではないでしょうか。

あなたが起業するのであれば、自分のビジネスにもこのような「投資家としての厳しい目」を向けてほしいのです。

そもそも勘違いをしている人が多いのですが、自分が起業するビジネスに自分でお金を出そうと考えたり、自分で借金をして始めようと考えたりするのは間違いです。実際に資金を出してもらうかは別にして、第三者が「その事業ならぜひお金を出したい」と言ってくれるようなビジネスでないのなら、成功の確率は低いと言わざるを得ません。

誰に提案しても「それなら投資したい」「あなたのビジネスに乗りたい」と言ってもらえるようなビジネスで起業しなければならないのです。

ビジネスを始めるときのマインドは「楽観・悲観・楽観」であると述べました。ビジネスの計画を練るときには、そのビジネスを徹底的に悲観して、「これではお客様は来ないのではないか」「商品の原材料が高すぎないか」と、すべての不安材料を洗い出し、それらを徹底的に潰していく必要があるのです。

そうやって、誰に提案しても「その事業はうまくいく」「投資したい」と言ってもらえるような対策や証拠を用意して初めて、その計画を実行に移してよいのです。

そうは言っても、実際に「投資家」として他人のビジネスに投資するか判断したことのある人が少ないのも事実でしょう。ではどうすれば「投資家のような厳しい目」を養うことができるのでしょうか？

ビジネスを厳しく見ることが出来ない人は、起業を考える志願者が投資家の前で事業計画のプレゼンをして出資を募るYouTubeチャンネル『令和の虎』で志願者のプレゼンを見て、その「欠点」を探して訓練するのがいいかもしれません。

欠点を見る目が何より大事なのです。

そのビジネスのまずいところはどこで、そこをどんな風にカバーしているのか、カバーできていないのか。自分が投資をするつもりになって真剣に向き合ってみると、色々な欠点が見えてくるようになると思います。

ただし、実際に『令和の虎』を見てトレーニングをするときは、虎役の社長たちの表情を見ず、音声だけを聴いて、自分だけで考えるようにしたほうがいいかもしれません。百戦錬磨の社長たちの表情を見てしまうとついつい考えが引っ張られるかもしれません（笑）。

それでも、自分で悲観的な目を持つのが難しいのなら、自分以外の誰かに相談しましょう。

出来れば、プロの経営者に意見をもらいましょう。二種類以上の業種で事業を展開しているような経営者であれば、多くの問題点に気付いてくれるはずです。周りにそういう人がいないという人もいるかもしれません。それでも必死に探してみてください。伝手《つて》を辿ればきっと出会えるはずです。自分のビジネスを成功に導くためには、それくらいの行動力は必要です。

それでも、どうしてもそんな人がいないという場合は、家族でも友人でも、自分に対して遠慮せずにものを言ってくれる厳しい意見を持つ人を頼りましょう。

お客さんがいることを確認してからビジネスを始める

ビジネスセミナーは色々ありますが、中でもマーケティングのセミナーに多くの人が集まっている印象です。多くの人が集客をうまく出来ず、どうすれば集客がうまくいくのかという話を聞きに来ているのです。

しかし、それでは「もう遅い」と私は思っています。考え方の順番が違うからです。

実は起業する際は、集客の具体的な方法や可能性をまず考え、お客様が来ることがわかっているビジネスしか始めてはいけないのです。開業後にどうやって集客するかを考えるのではなく、開業前にここは集客の出来る場所か、このビジネスは集客できるかを一番に検討すべきなのです。

では、どうすれば開業前に、その場所で集客できるか検討できるのでしょうか？

これはまつげエクステのサロンを始めたときの実話です。

私は大まかな立地・場所が決まった時点で、不動産屋と契約をする前に一〇万枚のチラシを、そのお店の商圏に配りました。大まかな場所とサービス内容、値段を載せたチラシです。

そのチラシにはＱＲコードが付いていて、簡単なアンケートに答えてくれれば割引券をプレゼントするという仕組みにしていました。アンケートに答えてくれるのは、まつげエクステに興味を持って、割引券が欲しいと思った人だけです。私はその人数を把握するためにチラシを配ったのです。

アンケートに答えてくれた数が多ければそのまま出店し、少なければ出店は見送り。もちろん不動産屋とも契約はしません。出店は難しいと判断した場合はアンケートに答えてくれた人たちに、事情があって出店できなくなりましたとお詫びの連絡を入れるのです。

まつげエクステの場合はテストチラシでしたが、こんな方法もあります。

アイブロウのサロンはウェブ広告を使った集客を計画していたので、開業前にリスティング広告を出し、予約を開始しました。予約者に千円の割引特典をつけることで、見込み客のリストを作ったのです。

リスティング広告にかけた費用と、予約数を費用対効果で見て、これくらいの金額でこれくらいのお客様を呼び込めるならこのお店はやっていける！　という判断で、最初のサロンをオープンさせました。

前の本にも書きましたが、私は店舗を出すとき、その店にどれくらいの集客があるのかを徹底的に調べます。出店候補地周辺の人通りや年齢層を数えたり、出店する予定の店と同じような立地条件の店の前でお客様の人数を数えたり、出店前に出来ることはすべてやっておくのです。

これだけして「大丈夫」という判断なら、失敗の確率も下がりますし、もしそのビジネスに出資者がいたとしても、そのデータを開示して見せればいいだけです。

開業後に失敗するというリスクを考えれば、これくらいの手間は惜しむべきではありません。逆に考えるなら、お金をかけてしまう開業前に集客が出来るかを確認しな

お客さんがいることを確認してからビジネスを始める

いなんて、とてももったいないことだと理解していただけると思います。

こうして、お客様がいることを確認してからビジネスを始めれば、慌ててマーケティングセミナーに顔を出す必要もないのです。

しかし、本当に残念なのですが、開店前にここまで確認しない方が多いのも事実。私はこんな簡単なことで、起業で失敗する方が減るように、これからも起業を考えているみなさんにこの話を繰り返すつもりです。

「成功した理由」の分析こそ大事

不思議なことに自分が何かで成功したとき、その成功の理由をしっかりと分析しない人が多いのです。

セミナーで話をするとき、私はよく「運を信じますか？」という問いかけをします。運のいい・悪いはあるのか？　私はあると思っています。病気にかかったり、事故に遭ったりするのはある程度は運に左右されると言ってもいいでしょう。

それと同じで、セミナーでも多くの人が「運を信じる」と答えます。

しかし、「では自分は運がいいと思っているか？」という質問をすると、八割以上の人が「自分は運がいい」と答えるのです。いいか悪いかという二択であれば、およそ半々くらいの結果であるべきです。それが運というものでしょう。なのに、どの会場でも「運がいい」と答える人が多いのです。

こんなことがなぜ起こるのでしょう？

人は何か悪い結果が出たとき、運のせいにしてはいけないと考え、反省して、その原因を探ります。しかし、いい結果が出たときは、驕《おご》るのはよくないという思いから謙遜し、「運が良かっただけだ」と考えてしまいがちなのです。これが「運がいい」と答える人が多い原因だと思われます。

そして、いい結果は運によるものだと考えてしまうことで、その原因を分析しようとしないのです。

運だと考えているわけではないですが、テストの結果でも点が悪ければ見直しますが、いい点を取ったときにはもう一度、問題を解いてみようなどとは思わないでしょう。

多くの人に、「いい結果が出たときにはその原因を分析しない」という習慣が身についてしまっているのです。

一方、私はいい結果が出たとき、それが運による結果とは思いません。いい結果が出たのは自分の実力と考え、なぜいい結果が出たのか、それをしっかりと分析するようにしています。

「りらくるが成功したのはなぜですか?」

この質問に、私が「運がよかっただけ」「時代の流れに合っていたから」などと答えていたら、私のセミナーに集まる人はいなくなるでしょう（笑）。

私の話が面白いと言っていただけるのは、成功を「運だ」と思わずに、どうして成功したのかを分析し、それを論理的に説明することが出来るからだと思っています。

世の中には、なんだかよくわからずにうまくいってしまった、本当に運だけで成功してしまったという人も確かにいるでしょう。しかし、運で掴んだその成功には必ず理由が隠れています。たまたま手に入れた物件だが、立地がよかった。偶然生まれた料理だが、味付けのバランスが最高だった。分析し、その理由がわかれば、次に活かしていくことが出来ます。

成功するのにも、失敗するのにも必ず理由があります。成功するのにも理由があるのだとわかっていれば、その理由を見つける作業を怠ることなく、それをさらに分析し、自分のビジネスに活かしていくことが出来るでしょう。

「まず行動だ！」にだまされてはいけない

「行動できる人が成功する」

よくビジネスの現場で言われる言葉、考え方です。私もその通りだと思います。

しかし、この「行動」を履き違えている人が非常に多いのです。

「行動＝起業」と捉え、「やってみなければわからないからやってみよう」「思い立ったら即、行動だ」と、大した準備もしないで起業をしてしまうのです。それは、「行動できる人」「行動力のある人」というのとは違います。単に無謀なだけです。

起業に向けて「まず行動しなければいけない」と思うのであれば、すべき行動は「起業のための準備」や「リサーチ」です。

リサーチをして、不安材料を潰し、客観的に見て成功のエビデンスを出すという「行動」をまず行うのです。

この章のまとめ

○自分という投資家は自分に甘い

自分に甘く、希望的観測で始めたビジネスは必ず失敗する。

○投資家としての厳しい目を持つ

自分が始めようとしているのは、第三者が「お金を出したい」と思うビジネスか？

自分のビジネスの欠点に目を向けよう。

○集客は開業前に考える

自分のビジネスで集客が出来るのかは開業前に一番に検討すべき問題。

失敗したくないなら、手間を惜しまず徹底的に調査しよう。

○成功の理由を分析する

成功したら、その理由を分析して、自分のビジネスに活かそう。

○「まず行動」の「行動」とは？

行動＝起業ではない。

起業に向けて、まずすべき行動は「起業のための準備」や「リサーチ」。

6日目

成功のために必要な人材育成

概要

6日目は、人材確保と人材育成についてご紹介します。

なぜ、人材確保が必要なのか？　どのようなマインドで接すれば、確保した人材が育っていくのか？

雇う人と現場で働く人の意識の違いを知ることでビジネスを安定させ、成長することができるはずです。

事業拡大のマインド

経営者が事業の拡大を考えたとき、まず取り組まなくてはいけないことは、「自分の手を空ける」ということです。

事業の拡大を考えながらも、自分の時間を確保できていない経営者が、実にたくさんいます。原因は経営者自身がお客様や仕事を取りに行っているためです。経営者が自分の時間を確保できれば、その時間を使って新しいビジネスや経営のアイデアが出るようになるのです。ところが、経営者が自分で熱心に集客に動いているようではそのアイデアが出てくる余裕が生まれません。

では、経営者が自分の手を空け、時間を確保するためには何が必要なのでしょうか?

それは、人材の確保です。

例えば、会社に三千万円の利益が出ているとします。せっかくの利益を減らしたくないという経営者の人が多いのですが、利益を減らすことになっても、そのお金を使って人を雇うのです。

三人雇ったとして、その中で一人でも経営者と同じような集客が出来るようにすればいいのです。うまく出来ない人には他の部署に回ってもらったり、もしかしたら辞めてもらうことも必要かもしれません。雇った人が戦力になるまでは時間だって少しはかかるでしょう。それでも自分と同じように集客や仕事を取ってくることが出来る人を見つけることが何より大事なのです。

事業を成長させたいと考えているのに利益が減ると、会社が退化しているように感じてしまうからなのでしょう。そういった人材の確保に消極的な経営者が多いのも事実です。

しかし、先を見れば人材に投資した方が、確実に売上は上がっていきます。事業の拡大を考えるのなら、そういったマインド、考え方に頭を切り替えることが必要です。

事業を拡大するということは、人を増やすということです。

もちろん、お客様を増やすということは大前提ですが、お客様が増える見込みがあるにもかかわらず、人を増やさないという人が多くいます。自分の仕事を人に任せることが不安なのか、自分で出来る仕事を人に任せて賃金を払うことをもったいないと思っているのか、単に人を雇うことを面倒だと思っているのか、その理由は様々だと思います。

しかし、人を増やさなければ事業が拡大していくことはありません。

人を増やすということは、自分の仕事を任せるということです。ここで間違ってほしくないのは、自分がしている仕事の何を任せるかということです。経営者がいろいろと頭を悩ませなくてはならないような考えることが大切な仕事は任せてはいけません。

まずは、頭を使わなくていい作業レベルの仕事を任せるのです。頭を使う必要があるものでも、あらゆることに頭を使うものではなく、たった一つのことに集中して考えればいい作業を任せるのです。

経営者は営業も経理も総務も法務も、情報システムだって、すべての仕事を自分の頭で考えてやっていかなければなりませんし、実際にやっています。

しかし、事業を拡大するためには、それを一つずつ分解して人に任せていかなければいけないのです。営業だけを任せたり、経理だけを任せたり、そうやって会社には部署が出来上がるのです。

経営者の中には、自分と同じようになんでも出来る、自分の分身のような、右腕となって支えてくれる人材を探す人がいますが、それは間違いです。そのような人を雇って仕事を回していたら、その人に何かがあったとき、仕事がまったく回らなくなってしまいます。

事業の拡大＝人を増やすこと
総
営
法
￥
経
人に任せる
事業拡大
人に任せる
自分一人で
NO!
￥
法
経営者

そうならないためにも、様々な仕事を分解し、一つずつを任せていけるような人材を確保していくのです。

人を雇う覚悟

一度人を雇うと、簡単に辞めさせることが出来ない。

そんなマインドが働いて、人を雇用することを躊躇してしまう経営者の方が多くいます。

しかし、そもそも雇用しようと考える企業がなければ、人は就職が出来ないので、躊躇せずに、積極的に雇用を考えてくれる企業は多くの人にとってありがたい存在です。

一方で、雇用した人の能力が足りない場合や事業がうまくいかなくなったなどの理由で雇った人を解雇することも、経営者は躊躇せずやるべきだと思います。

経済というのはそうやって循環していくものです。

日本には終身雇用の考え方がまだまだ根強くあります。

「人は財産」

という言葉もよく聞きます。

確かにそうだと思います。しかし、それはあくまでも一人一人が自分の給料以上のパフォーマンスをしている場合です。もし、給料以下のパフォーマンスしか出来ていないのであれば、それは、財産ではなく負債です。

では、負債を抱えてしまったらどうすればいいでしょう？

普通に考えれば、早く返済するか、自己破産をするかです。この場合、早く返済するというのは解雇するということです。

ですから、誤解を恐れずに言うなら、人を雇うときは、「いつでも首を切るぞ」という覚悟で雇わないといけないというのが私の考えです。

この文章を読んで、なんて冷たい考え方だ！　と思う人もいるかもしれません。しかし、そのように考えていないと雇用は生まれません。たくさん人を雇おうとも思えなくなりますし、事業を拡大させようという気にもなりません。決して安易に解雇していいとは思いませんが、人材は入れ替えられると思っていなければいけないのです。

　そのために、試用期間という仕組みがあるのです。三ヶ月など期限を切って、その人が自分の会社・仕事に合うかどうかを見極めるのです。そこで情を出して、パフォーマンスが悪いのに「三ヶ月頑張ってくれたし」と、引き続き様子を見るようなことをしてはいけないのです。その人が仕事に合うかどうか、パフォーマンスの善し悪しは三ヶ月もあれば、絶対に見極められます。

　その仕事に向かない、あるいはパフォーマンスが悪いのなら試用期間の途中でも辞めてもらうべきです。

　ところが、この試用期間で働きぶりをみた結果、採用を見送る判断が、アルバイトになら出来るのに、正規雇用となるとなぜか出来なくなってしまう経営者が多いのです。パフォーマンスが悪ければ、アルバイトより正規雇用の方が大きな損失になるにもかかわらずです。

　人を「辞めさせる」「辞めさせない」という判断、そしてその宣告は、起業をしてから学ばなければいけない、大きなことです。

もちろん、長年、成果を出し続けていた人なのに、それを突然辞めさせるというのはよくないと思います。しかし、試用期間を設けて、そこで判断するのは必要なことです。

実際に働いてもらうことで、書類と面接だけではわからないことも見えてきます。もしそこで、この仕事ではパフォーマンスを出せない、この仕事に向かないということがわかれば、早い段階で正規採用はしないと伝え、他の道筋を示してあげるのは、その人にとっても良いことなのではないでしょうか。

「すぐに辞めさせることが出来る」

というのも、経営者には必要なメンタルなのです。その覚悟が経営者には必要です。

人にどのように働いてもらうかが、いかに大切か。それを顕著に見て取れるのが飲食店です。

利益が残る飲食店というのは、しっかりとシフトコントロールが出来ています。

お客様の入りが少ない日に、アルバイトの手が空いてしまっている。そんなときに、手の空いたアルバイトに帰ってもらうという判断が、店の利益を守るのです。

それなのに「今日は七時までというシフトで入ってもらっているから、残してあげなきゃかわいそうだ」ということをやっていたら、店ごと潰れてしまいます。店が潰れてしまえば、働いている人全員にとって「かわいそう」な結果になってしまうのです。

それは会社と社員でも同じことです。費用対効果を考えなければいけないところに、情を持ち込んで負債を増やしてしまっては会社を潰してしまいます。

従業員の指導方法

会社という組織を考えてみてください。そこには色々な部署が存在しませんか？

会社に入った社員は、それぞれ経理や営業、総務、経営企画などどこかの部署に配属されます。会社やその社員に特別な事情でもない限り、部署を跨いで所属する社員はまずいないでしょう。配属された社員は一つの部署で何年かを過ごし、その仕事が出来るようになった頃に、別の部署に異動するというのが一般的ではないでしょうか。

実はこのスタイルが、従業員の指導には一番適しているのです。

従業員を教育するときには、色々なことをまとめて全部出来るようにと高望みをするのではなく、出来るだけ一つのことを極めさせていくようにするのがよいのです。

一番大事なことから徹底的に教えるのです。

そのためには、まず会社全体の業務を分解することが必要です。仕事内容はもちろん、その仕事をするために必要なことのすべてを分解していくのです。

そして、その中から何が一番大切か、何を最初に覚えるべきかを見極めて、最初はそれだけを徹底的に教えるのです。美容室でいえば、新人はとにかくシャンプーだけをやり続けます。私が創業したリラクゼーションの「りらくる」で、セラピストに最初に覚えてもらうのはお客様の身体をもみほぐす「手の形」です。

次のステップに移るのは、一番大切な業務を覚え、それが極められたとき、その業務のエキスパートになれた時です。

これは、経営者でも同じことが言えます。

経営者が一番考えなくてはならないことは利益の追求です。そして、利益を出すために上げることが必要なのは「客単価」「客数」「リピート率」の三つです。

利益を上げるとき、これらを同時に行うのではなく、一つずつ、順に行っていくのです。

先の項でも述べましたが、この中で最初に上げなければいけないのは「リピート率」です。その次に上げるのが「客数」。そして、その二つを上げても利益があまり上がらないとなったとき、最後に「客単価」を上げるのです。

経営を続けていく中で、「今月はリピート率を上げるぞ」「今月は客数を上げるぞ」と決めて、その月はそれを上げることだけに注力するのです。ある期間をそれだけに集中することによって、リピート率をどう上げるか、新規集客のためには何が必要なのかが理解できるようになっていくのです。

人間は褒めてくれる人に従う

とある整形外科の病院長から、そこで患者さんにリハビリを施す理学療法士や作業療法士が足りなくて困っているという相談を受けました。病院の方針と療法士たちの考え方が合わないことが多く、療法士が入ってもすぐに辞めていってしまうというのです。

リハビリは一回の診療で二〇分。病院としては時間内に出来ることをやって診療を終えてほしいと思っているのですが、療法士たちは患者さんたちのためにもっとじっくりと診療をしたいということが多いのだそうです。

病院としては数を回したいのですが、そうすると療法士たちは「こんな適当にやらされるのなら、ここでは働けない。もっとちゃんと患者さんと向き合いたい」と言って辞めてしまうのです。

このすれ違いはなぜ起こるのでしょうか。

病院と患者さんとの間の思惑の違いははっきりしています。

病院の経営者としては、出来るだけサービスは短く、出来るだけ多くのお金を取りたい。

患者さんとしては、出来るだけサービスは長く出来るだけ少なくお金を払いたい。療法士たちは病院側の人間です。それなのに、なぜ患者さん側に立った考え方をしてしまうのでしょうか。

それは、療法士たちの承認欲求を満たしてくれるのが患者さんたちだからです。療法士たちは患者さんからその手技を褒められたり、直接感謝されたりと、自分を肯定してもらっているのです。

そのために、療法士たちは、自然と患者さん側に立った考え方をしてしまうのです。

実はこれと同じようなことはすべてのサービス業で起こっているのです。

美容師だって、ホテルマンだって、飲食店の店員だって、お客様に直接サービスを提供するサービス業で働く人たちは、接客をする中で、お客様に認めてもらうことに喜びを感じてしまいやすい傾向にあります。

接客業では経営者が従業員を放置しやすく、従業員は自分を放っておく経営者よりも、自分を肯定してくれるお客様にどんどん近くなっていってしまうのです。

自分を褒めてくれる人に従うのは人間の心理です。

その結果、彼らの働き甲斐は「お客様」になってしまうのです。

お客様側に立った従業員は無駄なサービスをしてしまったり、経営者が客単価を上げようとしたときには「お客様のために」という立場で反発してきたりします。

そして、この対立が問題になっているところが非常に多いのです。

ところが、この対立はアルバイトではあまり起こりません。時給で働くアルバイトは、お客様に褒められることよりも時間が経つことを楽しみにしているからです。


この対立、実はマインドの仕組み化で簡単に解決できます。

経営者が従業員を肯定する回数をお客様が従業員を肯定する回数よりも増やしてあげるような仕組みを作ればよいのです。こうすることで、従業員が働き甲斐を感じるポイントを「お客様に喜んでもらうこと」から、「経営者に喜んでもらうこと」にスライドさせてしまえばよいのです。

まず最初に取り組むべきは、「褒める場」を作ることです。日々のミーティングや反省会、月一の表彰式でもいいでしょう。みんなの前で褒めることの出来る場を作るのです。

そして、褒めるための材料を確保するために、仕事の報告をしてもらう仕組みを導入するのです。

褒めるポイントは、できるだけ経営者や会社にとって喜ばしいこと、利益に繋がることです。ひいてはそれがそこで働く人すべてにとっての利益に繋がります。

先の療法士の場合、二〇分という時間以内にリハビリを終わらせ、より多くの人数を施術できたことに対して、「効率よく仕事が出来ている」と褒めるようにしました。

もちろん、他のことでも褒めるようにもしました。褒めるというところまで出来ないと、ただ報告が増えただけで、不満が出ることになるので、褒められるポイントを色々と見つけて、小さなことでも褒められるようにしたのです。

ビジネスの経営は行動心理学と脳科学の組み合わせです。これを極めた人がお客様や従業員の心理を理解し、事業を拡大させていくことが出来るのです。

「当たり前」こそ褒める

電話営業、つまり、お客様に電話をかけ、訪問や商談などのアポイントを獲得するテレホンアポインター（テレアポ）の会社からの相談を受けたことがあります。数字が取れる人と取れない人の差が激しく、辞めていく人も多いので、それをなんとかしたいという相談でした。

その相談に対する私からのアドバイスは、「チームを作って目標を掲げ、その目標が達成したときには盛大にお祝いしてはどうか」というものでした。実はこれもマインドの仕組み化です。

その会社では個人ごとに目標を立て、実績を管理することはもちろんしていましたが、目標を立てるだけで終わっていました。目標を達成しても、個人個人が喜ぶだけ。逆に達成できなかったときに自責の念に駆られるだけ、という状態でした。目標を設定しても、それを達成したらしっかり褒めるなどの仕組みまで作らなければ意味がありません。

そこでこの会社には、チームごとに目標を達成したか、売上が上がったかなどで競

わせ、

「今月、目標を達成したのは○○チームと××チームです！」

「今月の売上1位は○○チームです！」

と、達成状況を共有して、達成したらしっかり盛り上げるようにしてもらいました。

チームを編成し、優勝チームを決めることによって、個人プレーではなくなり、うまく数字を上げられない人をまわりのみんなで引き上げようとするようになりました。

うまくできない現場の人間をうまく出来るようにするのは、現場の人間にしか出来ません。しかし、個々に動いていては、自分のことで精一杯で、他人に何かを教えるなどなかなか出来ないものです。

これがチーム戦になることで、「なんで売上が伸びなかったんだろう？」などとお互いが意見を出し合い、真剣に話す状況が出来るようになっていくのです。これによって、数字を取れる人と取れない人の差はなくなっていきました。目標が達成できるとチームとしての喜びも得られるのです。

チームは、何ヶ月かごとに解体、再編成します。そして、新たなチームで再び、他のチームと競争していくのです。

この体制にしたことで最初に現れた成果は辞めていく人がグッと減ったことでした。

チーム内でフォローし合うことで、仕事がうまくいかずに辞めていく人が減ったのです。

さらに、チームは途中で一人抜けても、その抜けた人数で続けることをルールとしたことで、自分が辞めればチームの他の人に迷惑がかかるという思いも生まれました。チーム内に辞めたそうな人がいたときには他のチームメイトがそれとなく話を聞いたり、辞めないような働きかけを自発的に行うようになったのです。

私はよく、相談に来た人に、従業員を褒めたり表彰したりすることを薦めるのですが、経営者にはこれを上手に出来ない人がとても多いのです。

経営者にはもともと仕事が出来る人が多いため、仕事は出来て当たり前のものと思っているのです。そして、自分が当たり前だと思っていることですから、それが出来ても褒めるという発想にならないのです。

しかし、この「当たり前」こそ、褒めるべきです。

これは子育てにも通ずる役立つ考え方です。

大人が出来て当たり前のことも、子供にとっては当たり前に出来ることではありません。それなのにそれが出来ないからと叱ってしまう親が多いのです。

車の後部座席に乗っているとき、子供が前のシートを蹴ってしまった。この時、「蹴っちゃダメ」と叱ることは簡単です。多くの親がしていることでしょう。

ところが逆に子供が前のシートを蹴らずに乗っていたときに、「おとなしく乗れて偉いね。すごいね」と褒める親はなかなかいません。大人にとっては車におとなしく乗っていることは当たり前で、その当たり前が出来たことがすごいことだとは気付けないのです。

これと同じで、仕事が出来ることが当たり前の経営者は、従業員のすごいところ、頑張りに気付けないのです。

しかし、人は叱られたことよりも褒められたことの方がよく覚えているもので、再現性も高まります。従業員にもっと仕事が出来るようになってほしいと思うのなら、褒めることが大切なのです。

経営者の仕事は、当たり前を褒められるポイントを見つけることだと覚えておきましょう。

この章のまとめ

○時間の確保と事業の拡大

経営者は人材を確保して、自分の時間を作ることが大事。自分の時間で新しいビジネスや経営のアイデアを出そう。

○人材は入れ替えられる

社員を適材適所に割り当て、仕事に向かなければ「すぐに辞めさせることが出来る」という考え方も経営者には必要。

○従業員への指導は一つずつ

業務のすべてを分解し、大切なことから一つずつ、徹底して教えるのが効果的。

〇人は褒めてくれる人に従う

お客様と接する従業員はお客様の言うことを聞きやすい。褒める場を作って、お客様よりも経営者が従業員をたくさん褒めるようにしよう。

〇経営者の当たり前は従業員の当たり前ではない

自分が当たり前に出来ることでも、従業員が出来たら褒めるようにしよう。

従業員の褒められるポイントを見つけてどんどん褒めよう。

7日目

「8割できればいい」と割り切る覚悟

概要

7日目は、事業を拡大させるために必要なマインドと事業の整理に対する考え方をご紹介します。

どのような考え方が事業拡大の妨げになっているのか、どのような時に事業を整理するべきなのか、そして、近年話題の事業承継に関する注意点や注目点を解説します。

従業員に期待しすぎてはいけない

経営者の中には、従業員に自分の仕事を一から十まですべて教え込もうとする人がいます。早く自分と同じように仕事が出来るようになってもらい、仕事を任せたいと思っているのでしょう。

しかし、そんな経営者の多くが、実際に従業員に仕事を任せたあとに似たようなことを口にするのです。

「一度任せてみたけど、うまくいかなかった」

「従業員に任せるより自分でやった方がよかった」

このようなことになるのは経営者の「任せすぎ」が原因です。「任せる」ということを勘違いしているのです。「任せる」というのは、自分の仕事を一〇〇パーセント、丸投げすることではありません。

極端な言い方になりますが、経営者は従業員に対し、「出来るわけがない」くらいの気持ちを持っておくことが必要です。「誰も自分以上に出来るわけがない」と思っていなくてはいけないのです。

一番大切なのは「安易に期待しない」ことです。

しかし、先の項で述べたように仕事を一つ一つ分解し、どれか一つの仕事に対して集中すれば、その従業員はその仕事のエキスパートになることが出来ます。

美容師だって、入りたての新人はシャンプーしか任せてもらえません。その代わり、シャンプーならスタイリストより上手に出来たりもするのです。

従業員に何を任せるのか、何なら任せられるのかを判断するのが経営者の仕事なのです。

拡大が見込めないビジネス

残念なことに、今現在、多くの起業が失敗しています。

そんなことになる起業家が少しでも減るように私はこの本を書いているのですが、それでも考え方（マインド）や経営手法を誤れば、せっかく起業しても失敗に終わることはあるでしょう。

そんなときに怖いのは、「もうダメかもしれない」と思ったとき、小さな望みにかけて、お金をどんどん投資してしまう人がいることです。自分が投資した事業を「失敗だった」と認めたくないがために最後の悪あがきのようにお金を突っ込み始めるのです。

比べるのも申し訳ありませんが、実はこれ、ギャンブルと同じ心理状態なのです。ギャンブルで負けを取り戻そうと、どんどんのめり込んでいってしまう人を見たり聞いたりしたことがある人も多いのではないでしょうか。

行動心理学で言うところの「一貫性の法則」です。人は無意識のうちに自分の言動に一貫性を持たせようとするのです。

有名な話として「安全運転看板の実験」があります（スタンフォード大学のジョナサン・フリードマンとスコット・フレイザーによる実験）。「安全運転」と書いた看板を自宅の庭に立てさせてほしいとお願いすると、承諾してくれたのはたった二〇パーセントの住民でした。しかし、事前に「安全運転」と書かれたシールを車に貼ってもらった住民に対して、同様のお願いをすると、今度は実に七〇パーセントもの人が庭に看板を立てさせてくれたというのです。

一度シールで「安全運転」を掲げる行動をしたために、自分の言動に一貫性を持たせるため、看板を立てることも承諾したのです。

これをビジネスに利用したものが一回目だけ安価になっている定期購入のサプリメントや店舗のポイントカードなどです。「一度買ったし」「せっかくポイントカードがあるから」という行動に一貫性を持たせるのです。

自分の事業が「もうダメだ」と思ったときに、「人は自分の行動に一貫性を持たせようとする」ということを知っていれば、無駄にお金を投資することをある程度は防げるかもしれません。

それ以上に知っておいてほしいことが、自分のビジネスがどのような状況になったときに撤退を判断するのがよいのかということです。

それは、費用対効果に見合わない集客にお金を出すようになったときです。集客にお金がかかりすぎるようになった時点で、そのビジネスモデルは拡大する余地がないという判断をするべきだと思っています。

事業承継の罠

ここ最近、後継者のいない企業を継ぐ「事業承継」が話題になっています。

私のところにも、自分が経営者になる手段として、「この会社の事業承継を考えてもいいだろうか」と具体的な案件を相談にみえる人もいます。

もちろん、事業承継も自分が経営者となる手段の一つだと思います。私も後継者がいない黒字の企業を買って後継者を据えるという案件に関わったことがあります。

ただし、多くは長い間拡大出来なかった事業をしてきた企業なので、事業承継をしても拡大させていくことは難しいかもしれません。


そして、気をつけてほしいこともあります。

実は「後継者がいない」というセリフを、会社を売却したい側が見栄えのいい理由として使っているケースがある、ということです。

「うちは利益が出ていない」「うちは先行きが不安だから」という理由では、誰もその事業を買いたいとは考えてくれません。

事業がうまくいっていなかったり、法務的・税務的なリスクがあるとき、会社を売ってしまいたい側は、見栄えのいいように「後継者がいない」と説明するのです。

すでに存在する企業を手に入れるときは、そういった落とし穴があることも忘れてはいけません。

一方で、すでに赤字で採算が合わなくなった会社を買うという手段もあります。そんな会社は民事再生の整理などで売りに出されることもあり、破格の値段で買えることもあるのですが、そういった会社にチャンスがあることがあるのです。

そんな会社をよく調べると、会社全体としては赤字を抱えているものの、部門によっては利益を生んでいる場合があります。赤字の部門を切り捨て、黒字の部門だけを残すということが出来れば、その会社を立て直すことが出来ます。

実際、私の知り合いのまだ若い社長に、次々に赤字企業を買収している人がいます。買収した赤字企業を再生させ、一年間で黒字化させるのです。

その社長が赤字企業を再生させるためにやっていることはただただリストラです。赤字部門をそぎ落とし、黒字部門だけを残しているのです。

このように、やろうと思えば大胆なリストラも出来るのに、それが出来なくて倒産している企業は多くあります。会社の利益が出ていないのに、従業員の給料を払うために銀行から借金をして、自転車操業の状態に陥ってしまうのです。

事業再生を手掛ける会社は、こういった企業を買い取り、立て直しているのです。

将来的に起業をするために、こういった事業再生を手掛ける会社に入って経営のノウハウを学ぶという手もあります。

起業のために経営を学ぶ場所として「高いものを売る営業職」がいいと述べました。それ以外では、ファンドに入ったり、税理士になったり出来れば、起業に役立つ様々な情報が手に入れられるでしょう。しかし、ファンドにはなかなか入れませんし、税理士になるのも大変なことです。

その点、事業再生の会社なら規模も様々ですし、求人募集をしている会社も多くあります。そこで三ヶ月から半年ほど働けば、どうすれば会社が黒字化するかが学べるでしょう。

高すぎる技術はいらない

コンサルティングをする際、私は最初、経営者に「どこへ向かいたいのですか？」と確認します。会社を拡大させたいのか？　一店舗を確実に流行らせたいのか？　それによって、私が行うアドバイスも大きく変わるからです。

パソコン修理会社の経営者からの相談は、事業の拡大でした。

もともと、彼は人を雇うことをせず、一人で会社を経営していたのですが、会社を大きくしたいという想いをずっと抱いていたそうです。しかし、パソコンの修理には難しい作業も多く、自分でやらなければならなかったのです。

それでも事業の拡大を目指すなら、人は絶対に雇わなくてはなりません。人を雇わなければ拡大していくことは難しいでしょう。

私が彼に最初にしたアドバイスは、

「ライバルを見つけなさい」

というものでした。

自分が目指す、自分が求めている規模に似た会社を見つけるのです。

彼はすぐに、近隣にある大手のパソコン修理会社の名前を挙げました。

そこは、誰もが知る大手のパソコン修理会社でした。

そこで私は、その会社と自分の会社を比較して、違うところを挙げるようお願いしました。

会社の規模、年商、従業員の数。当たり前のことがどんどん出てきます。自分が気付いたことならどんな細かいことでもいいからと、私はさらに違いを出すよう要求します。

すると、彼の口から次のような言葉が出てきました。

「その会社で修理出来なかったものを僕のところに持ってくる人がいるので、技術は間違いなくうちの方が上です」

「では、技術の差があるということですね？」

「そこにこだわってやっています」

それを聞いて確信した私は、彼にこう告げました。

「その差が、あなたの会社が大きくなれない原因ですよ。事業を拡大したいのなら技術の質を落としなさい」

彼はとても驚き、何を言われているのか、理解も追いついていないようでした。

そこで私は事業拡大のために必要なことを説明していったのです。


自分にしか出来ない高い技術を追求していては、いつまで経っても人を雇うことは出来ません。それはつまり事業拡大が出来ないということです。人を雇うためには、技術の質を落とす必要があるのです。

彼は私に、技術が高いことを大手との差だと誇らし気に話してくれましたが、実際はその大手は技術にこだわっていると拡大出来ないことに気付いて、誰でも出来る技術で人を増やしたから拡大出来ているのです。その本質に彼は気付いていなかったのです。

私自身が拡大させた「りらくる」も、セラピストが習得しなければならない技術をシンプルに覚えやすくしたことでセラピストを確保し、事業を拡大することに成功したいい例です。

私の話を聞いた彼は、すぐにアルバイトを三人雇い、アルバイトでも出来る範囲の

人員
技
人員を増やす
技術
技術力へのこだわりを捨てる
事業拡大
売上アップ
高い技術力を追求
一人で経営
技術の質を落とす人を雇う

修理しか受け付けない形に会社の方針を大きく変えました。その結果、売上が何倍にも膨らんでいったのです。

多くの場合、経営の正解は成功しているライバルが持っています。

しかし、ライバルのよいところを見たがらない経営者が多く、ライバルよりも自社の優れた点ばかり話したがるのです。

このケースの場合は、技術力へのこだわりが自社のいいところだと思っていたのですが、実はそれが拡大を阻んでいたというものです。

事業を拡大する局面においては、強いこだわりがむしろマイナス要素になりがちなのです。

もちろん、最初に確認した質問の答えが「一店舗を流行らせたい」というものであれば、こだわった部分で大手との差別化を図り、お客様を確保していくという選択も一つの正解です。

しかし、拡大させていくのであれば、高い技術力というこだわりはまったく必要のないものだったのです。

この本を読んでいるあなたが「これが自分の強みだ」と考えていることも、もしかしたらあなたの成功の阻害要因になっているかもしれません。

この章のまとめ

○従業員に任せすぎない

従業員に何を任せるのか、何なら任せられるのかを判断するのが経営者の仕事。

○ビジネスの引き際

費用対効果に見合わない集客にお金を出すようになったときには撤退の判断をしよう。

○事業承継の注意点

売り手は不都合を隠す傾向にある。
売り文句を鵜呑みにしないようにしよう。

○高い技術は事業拡大の邪魔になる

高い技術を追求していては、人を雇うことは出来ない。
人を雇って事業を拡大させるためには、技術の質を落とす必要がある。

8日目

フランチャイズについて考えてみよう

概要

8日目は、フランチャイズビジネスについての考え方をご紹介します。

フランチャイズビジネスへの加盟だけでなく、自分で起ち上げたビジネスをフランチャイズ化するにはどのような考え方が必要なのかが見えてくるはずです。

労働収入と権利収入

今、労働収入を得ている人の中にも、権利収入を得たいと思っている人は多いでしょう。

たとえ自分でお店や会社を経営していたとしても、いつまでも自分が働いていなければいけない状況であれば、権利収入を得られません。一生は働けないし、病気になったらどうしようという心配が消えることもないでしょう。

さらに追い打ちをかけるような話をしますが、老後に必要になる生活費は一人三〇〇〇万円、夫婦で六〇〇〇万円といわれています。老後も働き続けるのであればなんとかなるのかもしれませんが、その時に自分が働けるかどうかは誰にもわからないのです。

だからこそ、労働収入と権利収入で考えた場合、生活に関しては早い段階で権利収入で賄っていけるようにしなければならないのです。あとは好きなことを労働にすればいいのです。

権利収入には四つあります。

一つ目は、本書でも繰り返し述べたようにフランチャイズへの加盟です。フランチャイズに加盟することで自分はオーナーとして働かずにお金を稼ぐのです。

二つ目は不動産ビジネス。不動産を取得し、それを賃貸に出すことで家賃収入を得ます。

この二つはどちらも、始めるために一定の資金が必要なので、「お金型」とも呼ばれる権利収入です。

三つ目は、ロイヤリティ収入です。本を書いたり、作曲をしたり、その著作権での印税による収入です。自費出版でなければ、最初にお金がかかることもありません。これはお金ではなく時間がかかるので「時間型」とも呼ばれます。

そして、四つ目がネットワークビジネス（ＭＬＭ）です。自分が会員となり次の会員を集客することで権利収入を得ていくシステムで、世間ではＭＬＭ＝悪いビジネスと言われてしまうことが多いですが、提供する商品やサービスがしっかりしている優良なネットワークビジネスも多く存在します。

もう一つあるとしたら、自分で事業を興して経営し、しっかりと組織を作ってみんなに働いてもらうことで、自分は働かずに権利収入を得るという形ですが、これはお金も時間もかかる上、うまくいくとは限らないものです。

フランチャイズ加盟のススメ

私をよく知る方から意外だと言われることが多いのですが、私は権利収入を得るのなら、フランチャイズを選ぶのが一番だと思っています。

手元に加盟するための資金があるのなら、起業はフランチャイズから始めるのがベストだと伝えています。

自分で新たなビジネスを見つけて来るのは本当に難しいことです。実際、ほとんどの人が新しい事業をスタートさせることなんて出来ません。

今、自分が労働収入を得ているのならなおさらでしょう。日々の忙しさでビジネスに対するアンテナも張れず、勉強も、見つけたビジネスをしっかり精査する時間も持てないのであれば、残念ながらそのまま起業しても失敗してしまう確率が非常に高いといってもいいでしょう。

だからこそ、成功しているビジネスを踏襲していくスタイルのフランチャイズがよいとお伝えしているのです。「安全な王道パターン」の項で述べた、

「まず労働収入でお金を貯め、それを元にフランチャイズに加盟して権利収入を得る」

のがおすすめです。

フランチャイズにすべき業態

起業をする人の中には、フランチャイズに加盟するのではなく、自分の興した事業で、フランチャイズ展開をすることまで考えている人もいるでしょう。

では、どのようなときにフランチャイズ展開を考えればいいのでしょうか。

フランチャイズの本部がフランチャイズ展開をするのは、いくつかの理由があって、それに当てはまる事業の場合はフランチャイズ展開にするべきだと考えます。

一つ目は、直営では、本部の事務所が大きくなってしまう場合です。

直接雇用することになるので、スタッフや店舗などの事業所を増やせば増やすだけ、管理・運営が大きな負担になってしまうため、本部が大きくなってしまうような事業の場合は、フランチャイズにした方がいいでしょう。

二つ目は、事業を拡大していくお金がない場合。

店舗や事業所を増やしていくとき、直営だとお金がかかりますが、フランチャイズなら契約さえ決めてしまえば最初から利益が生まれます。まず加盟金が入り、ロイヤリティで毎月の収入もあります。

ただし、お金がないという理由だけでフランチャイズ展開だけにするのは間違いです。事業を拡大させていく障害となるのがお金だけなら、その事業は直営でも展開出来るものです。フランチャイズより直営の方が間違いなく利益は大きいのですから、フランチャイズ展開をさせながら、直営を目指せばよいのです。

例えば、フランチャイズが三店舗集まれば、その加盟金を使って直営店を一店舗出せます。これを繰り返していけば、最終的にフランチャイズをなくして、直営だけにすることも可能です。

居酒屋チェーンで有名な『鳥貴族』は、この手法を使って直営店の比率を増やしています。

三つ目の理由。これが理由でフランチャイズにしているところが多いのですが、人材の確保に苦労しそうな事業の場合です。

コンビニエンスストアや牛丼チェーンは先の二つの理由に反し、大きな本部があり、大金を持っているにもかかわらずフランチャイズで店舗を増やしています。これはなぜか？

二四時間営業でやっているコンビニや牛丼チェーンは、ワンオペやツーオペで回していくことが多い事業です。それを五、六人のアルバイトを抱えて回しているわけですから、突然、人が確保しづらい深夜の時間帯などにアルバイトが熱を出して来られなくなるということが起こると非常に困ります。もし、これを直営でやっている場合、空いた穴を埋めるための人員をいつも余分に本部で抱えるリスクが生じるわけです。

しかし、フランチャイズの場合、オーナーに二四時間、店を開けることを義務づけているだけなく、オーナーは労働基準法に関係なく働けるので、アルバイトに何かあっても、オーナーやその家族が穴を埋めてくれるというわけです。

そのため、人材の確保に困るような業態の場合は、むしろフランチャイズにせざるを得ないのです。

四つ目の理由は、接客に力を入れないとお客様が来ないような業態の場合です。

例えば、格安を売りにしていてどんな接客をしていてもお客様が来るというようなビジネスモデルではなく、お客様とのやりとりを非常に大切にしなければならないものは、フランチャイズにした方がいいでしょう。

いい事例があります。

1 直営では本部が大きくなる
本部
2 事業を拡大していく資金不足
¥
¥
ロイヤリティ
¥
直営
直営
直営
F店
F店
F店
3 人材の確保に苦労する
直営
直営
直営
4 接客に注力する必要がある
サービス
フランチャイズにすべき業態

私が手掛ける韓国の「高級食パン専門店」がまさにそれです。「高級」を売りにしている店ですので、従業員やアルバイトだけで回すと、店のイメージが損なわれてしまい、売上が一気に落ちてしまうのです。

展開当初、この店舗を直営で展開していた時期があります。しかし、お店の運営を雇われ店長に任せていたときはうまく回りませんでした。

今は、オーナー自身が店舗に立つことを条件にフランチャイズ展開しています。これだと一人のオーナーが何店舗も展開することは出来ませんが、自分の店をしっかり守れる人に任せる形です。

フランチャイズのオーナーは、文字通り自分の人生がかかっていますから、一生懸命お客様を呼ぼうと頑張ってくれるのです。

「高級感」を感じてもらえる今の運営は雇われ店長では出来ないことでした。だからこそ、接客に力を入れないとお客様が来ないような業態はフランチャイズにするべきなのです。

フランチャイズの加盟金はいくらにすればよい？

自らがフランチャイザー（本部）となって、加盟店を募集する際、多くの経営者が加盟金を安く設定しようと考えます。競合との競争を避けたかったり、参入しやすいようにしたいという思惑があるのでしょうが、実は加盟金を安くしていいことなんてありません。

私がコンサルティングをしている人に学習塾の経営をしている方がいます。ご自身が開業していた学習塾ではじめた「動画授業」が人気を博したため、教室数を増やしていくのに直営にするか、フランチャイズにするかを検討した結果、フランチャイズ展開することにしました。すべてを仕組み化していく段階で、加盟金やフランチャイズ料の金額の相談も受けました。

彼もまた、加盟金を他の学習塾のフランチャイズよりも大幅に安く設定しようとしていました。

ですが、フランチャイズへの加盟を真剣に考えている人は、加盟金が一〇〇万円安くなったからといって、そちらを選ぶというようなことはまずありません。実際、すでにある他のフランチャイズで、加盟金を高くしても応募してくる人数にほとんど変わりはありませんでした。

それよりも、加盟金を安くすることで、オーナーがルーズになってしまうということもよくあるので、同じような相談があるときは、とにかく加盟金の設定額は上げるようにアドバイスしています。

フランチャイズに加盟しようとしている人は、値段ではなく、そのビジネスモデルが良いものなのかどうか、そこを重視して見ているのです。

フランチャイズに加盟する人の気持ちに応える

フランチャイズ募集の説明会などで、加盟希望者からよく尋ねられ、共感されるのはその事業が社会的にどれだけ役に立つ事業なのかということです。実は加盟者の多くがそこを重視しているのです。

本部であるフランチャイザーは、その事業がどれだけ儲かるかばかり謳いたがるのですが、加盟する側は収益性以上に、その事業にはどのような社会的意義があるのかを考えていることが多いのです。ただ儲かればいいと考えている人は意外に少ないと言っていいでしょう。

例えば塾経営であれば、「子供たちの未来をどう考えているか」や「こういう子を育てたい」という夢やビジョンをはっきり伝えてあげることが必要です。

フランチャイズに加盟するオーナーたちは、自分が事業を始めることにやり甲斐を求めていて、儲かることよりもその事業自体を楽しみたいと考えている人が多いのです。

そして、どうせ事業を始めるなら人に自慢できるようなことをやりたいとも思っています。フランチャイザーは加盟希望者のそういう気持ちに応えてあげるような事業を提案するべきなのです。

先の「フランチャイズでも感情を売る」の項でも述べましたが、商売はすべて感情を売るもので、オーナーは感情で加盟する事業を決めるのです。

さらに、加盟希望者たちは本部の人柄も見ています。社長はどんな考えを持った人なのか？　現場で指導に当たる人はどんな人か？　彼らにとってはこれから仲良く付き合っていかなくてはならない人たちですから、気になって当然です。

フランチャイズに加盟する人は、ゼロイチを生み出すようなプロの起業家、経営者ではありません。利益を追求するプロの経営者とは価値観も違うのです。

加盟者を募集するときは事業の仕組みとか、加盟金の金額も大切ですが、それ以上に会社の理念や社会的にどういう意義のある事業なのかなどをしっかりと伝えられることが大切です。

フランチャイズは不動産ビジネス

——フランチャイズとは何か？

それは、土地だけでは価値がない、利回りのないものに利回りをつける商売です。

私が相談を受けたコインランドリー事業者を例にとって説明しましょう。

コインランドリーをフランチャイズ展開していて、加盟者をさらに増やしていくにはどうすればいいかというのがその会社からの相談内容でした。

その会社のビジネススタイルは、コインランドリーを開業する場所は加盟者が自分で見つけて来なければいけませんでした。

空いた土地を持っている人が、そこで何をすればいいかを考えてコインランドリーに決めて加盟したり、コインランドリーを始めたいと思っている人がどこで開業するか、土地を見つけて加盟するというスタイルです。

最初はそれで良かったものの、コインランドリーが飽和してきて、加盟者が増えない状態になっていたのです。

私は彼らに「開業する場所がとても大事です」という話をしました。もともと土地を持っていたという人以外は、フランチャイズに加盟をしたいと思っていても、開業する場所を探せない人がほとんどです。そもそも、不動産屋でもない限りそんなノウハウを持ち合わせていません。

そこで私は、不動産業者と提携することを提案しました。場所とコインランドリーというビジネスをセットにして、地域の人に「これをやってみませんか？」というアプローチをするのです。

これによって、加盟者募集の広告の打ち方も変わりました。

それまでは、どこに興味を持ってくれる人がいるかわからないので、全国的に広告を打っていたのですが、不動産業者と提携するようになってからは、場所を見つけて、その地域でチラシを出すことが出来るようになったのです。

「この地域で、コインランドリー事業をやりたい人はいませんか?」というチラシに、不動産の利回り物件の広告のように、投資額と一年の想定収入なども記したのです。もちろん、加盟者が現われない限りはその土地を契約することはしないので、チラシに載せるのは大まかな場所だけです。希望者がいれば、その場所まで連れて行って説明することが可能です。

こうしてみると、フランチャイズビジネスは、とても不動産業に似ているのです。

空いている土地に賃貸マンションを建てて家賃収入を得るか、空いている土地を使ってコインランドリーや飲食店を経営して収入を得るかというくらいの差しかありません。

これが、冒頭に書いた「土地だけでは価値がない、利回りのないものに利回りをつける商売」ということです。

これと同じようなことを米国マクドナルドの創業者レイ・クロックも言っています。

「私の本当のビジネスはハンバーガーを売ることじゃない。不動産業だよ」

マクドナルドがアメリカで巨大なチェーンに成長する当時、その店舗のほとんどはフランチャイズで経営されていました。

労働収入から権利収入への移行にチャレンジしたご夫婦

「この商売を続けていて、将来的に大丈夫でしょうか？」

これは特許事務所を経営しているご夫婦からの相談でした。夫婦二人でこぢんまりと経営している事務所で月の収入は八〇万から一〇〇万円ほど。夫婦二人が暮らして行くには十分です。しかし、二人がそのあとも働き続けている限りは、の話です。

しかし、二人の希望は将来的には仕事をリタイアして暮らしたいというのです。

士業の人には、独立して自分で事務所を運営している人が多いのですが、そこそこ儲かるものの人を雇うほどでもないという人がとても多いのです。そういう人は、一生、自分で働いていかなくてはなりません。

特に弁護士や弁理士などは、人を雇ったとしてもみんな独立してしまい、結局は個人経営の状態に戻ってしまうということも少なくありません。どうしても労働収入から抜け出せないのです。

私は正直に、

「このままでは絶対に無理です。厳しいと思いますよ」

と伝え、ひとつのアドバイスをしました。「安全な王道パターン」です。

このまま二人で働いて、贅沢をせず、年五〇万円貯めて、仕事を辞めるまでに六〇〇万円を貯めるのです。そして、そのお金をフランチャイズビジネスの加盟金として使うのです。

それが出来れば、二人は労働収入から権利収入へと移行することが出来、将来的には自分が働かなくても一定の収入を得ることが出来るようになるとお伝えしました。
このご夫婦は現在、労働収入から権利収入への移行に取り組みはじめています。

この章のまとめ

○将来安心な収入の形

自分が働けなくなってもお金が入ってくる権利収入で生活を賄えるようにしよう。

○フランチャイズにした方がいい業態

①　直営では、本部の事務所が大きくなってしまう場合
②　事業を拡大していくお金がない場合
③　人材の確保に苦労しそうな事業の場合
④　接客に力を入れないとお客様が来ないような業態

○加盟金を安くしていいことはない

応募してくる人は金額ではそれほど変わらない上、加盟金が安すぎるとオーナーがルーズになることもある。

応募者は加盟金よりもビジネスモデルを重視していることを知ろう。

○フランチャイズオーナーが重視していること

オーナーたちは社会的意義ややり甲斐を求めている。

事業の仕組みや加盟金の話だけでなく、会社の理念や社会的意義についてしっかりと伝えよう。

○フランチャイズビジネスは不動産業に似ている

フランチャイズとは、土地だけでは価値がない、利回りのないものに利回りをつける商売。

贈る言葉

～エピローグに代えて～

本書を最後までお読みいただき、ありがとうございます。

最後に、これまで多くの起業家、経営者、ビジネスマンの相談を受け、彼らのビジネスの成功と失敗を見てきた私から見た、成長する人・成功する人の特徴と失敗しやすい人の特徴についてお話ししたいと思います。

これまで出会った人の中には、正直、「この人、大丈夫かな?」と思うような人も数多くいました。いい大人で、起業を目指しているというのに自分本位な話し方しか出来なかったり、的を射ていない質問をしたり、こちらが心配になってしまうような人たちです。

しかし、そんな人でも常に学ぼうという意識を持っている人は、後々うまくいっていることが多いのです。多くのビジネス書に目を通したり、セミナーに参加したり、私の本を読んでくれたり、YouTubeを見てくれたりして、私に直接質問をするなど、食らいついてくるような人は成長しています。

多少お金のかかることでも自分の成長のために自己投資を惜しまない人も成長、成功する人です。最初は道筋が間違っていても徐々に成功の道筋に近づいてくるように思います。

こういった努力を続けられる人は、他人の成功体験から様々なことを吸収しているので、その成功をトレースしたり、真似が出来るのだと思います。

そのため、自分が好きでもないことでもビジネスとして成功の目があると思えば、私のところに、

「このビジネスはどうですか？」

と、アイデアを持ってきて、さらに私の意見を聞いてブラッシュアップさせることが出来るのです。

一方で、ビジネスをただ単純に楽しもうとしている人や、とにかく自分の好きなことをビジネスにしようとしている人はうまくいかない傾向にあります。

この手の人たちは、私のところに、

「こんなビジネスがやりたかったんですよね」

と、自分がやりたいだけのビジネスを持って相談にやってくるのです。

このような人たちの多くが、考え方が凝り固まっていて、自分の価値観だけで判断し、自分の法則、自分のやり方に固執してしまっているのです。これではうまくいくはずがありません。

経営に関する本当のエキスパートなど滅多にいません。

一つのビジネスを成功させた人ですら、まだまだ学ばなければいけないことが多いというのが現実です。

「自分はまだ何も知らない赤ちゃんなんだ」

経営に関しては、誰もがこのように思っておいた方がいいでしょう。見たこと、聞いたことなど、知ったことはすべてを吸収するつもりでビジネスと向き合うのです。

すべては考え方（マインド）次第です。

考え方さえ間違えなければ、ほとんど全員が成功します。

私は多くの人にその考え方を手に入れて成功してほしいと願っています。その思いで、三年前に最初の本を出版し、YouTubeやInstagramなどのSNSでもビジネスの考え方を多く発信してきました。また、出版以降も実際に多くのお店や企業をコンサルティングすることでたくさんのビジネスと関わり、その成功を手助けしてきました。

ありがたいことに、人に向けて発信し、人から相談を受けるというこれらの活動によって、私はさらにビジネスへの知見を広めることが出来ています。日々、自分の成長を感じることが出来ているので毎日が幸せです。

本書でもビジネスとの様々な向き合い方、多くの考え方を紹介してきました。それでも、まだまだ書き足りない、もっともっと多くの情報を届けたいと思っています。私が発信する情報にもっと触れたい、もっと色々なことを学びたいという方は、YouTubeやInstagramなど私のSNSをぜひ、のぞきに来ていただければと思います。

そして、この機に合わせて、私が直接、起業を考えている人からの相談にアドバイスをするサービスをスタートします。

相談のある方は、私の公式ＬＩＮＥ『竹之内社長コミュニティ』に登録し、相談フォームに記入してください。書き込んでいただいた相談や質問への私のアドバイスを動画にして、公式ＬＩＮＥで順次配信します。ただし、相談数があまりに多い場合は全員のご質問に答えられなくなるかもしれません。その点はどうかご理解ください。

ぜひ、ＱＲコードを読み取って公式ＬＩＮＥに登録してください。

恥ずかしがらずに、なんでも尋ねてくれれば、あなたの考えているビジネスが成功に向かうか、失敗に向かうかが起業前に見えてくるはずです。

もちろん、どうすれば成功に近づけるか、しっかりアドバイスさせていただきます。

私をあなたの成功のためのフィルターとしてください。

最後になりますが、本書や私の助言で多くの人がビジネスで成功することを心より祈っています。

著者

企画	新保 勝則
編集協力	龍田 力
ブックデザイン	bookwall
図版	ニシカワシノ
DTP	初雪デザイン
校閲	若林 智之

｜著者プロフィール｜

竹之内 教博（たけのうち ゆきひろ）

1977年生まれ、大阪府出身。

りらくる創業者、株式会社T's インベストメント会長。

高校卒業後、大学を4ヶ月で中退し、大阪堺市の美容室で勤務。美容師からヘアカラー講師、5店舗の統括ディレクター、数十社に及ぶ美容室のコンサルティングを経験。自身がよくリラクゼーションサロンを利用していたことをきっかけに、2009年、31歳の時に『りらく（現りらくる）』をオープン。わずか7年で全国直営600店舗規模にまで拡大し、2度にわたって英大手投資ファンドに90%の株を約270億円で売却。現在も現役経営者として20以上のビジネスにかかわりながら起業家の支援も行っている。

著書に「無名の男がたった7年で270億円手に入れた物語」（小社刊）がある。

【YouTube】竹之内社長の【波乱万丈】
https://www.youtube.com/@takenouchi-channel

【X（旧 Twitter）】

yukihirott

【Instagram】

takenouchi_yukihiro

【TikTok】

yukihirott

いつか起業する君に伝えたい大切な話。

成功マインド

2024年5月9日　初版第1刷発行

著者　竹之内教博　©Y.Takenouchi 2024

発行　合同会社 オールズバーグ
〒107-0062　東京都港区南青山2-2-15
https://allsburg.co.jp/

発売　株式会社 扶桑社
〒105-8070　東京都港区海岸1-2-20　汐留ビルディング
電話03-5843-8143(メールセンター)
www.fusosha.co.jp

印刷・製本　中央精版印刷 株式会社

定価はカバーに表示してあります。

造本には十分注意しておりますが、落丁・乱丁（本のページの抜け落ちや順序の間違い）の場合は、小社郵便室宛にお送りください。送料は小社負担でお取り替えいたします（古書店で購入されたものについては、お取り替えできません）。

なお、本書のコピー、スキャン、デジタル化等の無断複製は著作権法上の例外を除き禁じられています。本書を代行業者等の第三者に依頼してスキャンやデジタル化することは、たとえ個人や家庭内での利用でも著作権法違反です。


ISBN978-4-594-09758-5　C0095　Printed in Japan